만 들 기 쉽 고 예 쁜

심플 원피스

CONTENTS

no.1

no.2

no.3

no.4

no.5

no.6

no.7

no.8

no.9

no.10

no.11

no.12
50 리본 칼라 항아리 원피스 A
　• 앞 리본형

no.13
51 리본 칼라 항아리 원피스 B
　• 옆 리본형

no.14
56 하이웨이스트
　개더 원피스

no.15
57 하이웨이스트
　A라인 원피스

no.16
64 앞여밈 원피스 A
　• 반소매

no.17
65 앞여밈 원피스 B
　• 민소매

no.18
72 오픈 스타일
　체크무늬 원피스

no.19
78 플랫칼라 원피스 A
　• 반소매

no.20
79 플랫칼라 원피스 B
　• 7부 소매

no.21
86 페플럼(러플)
　투 컬러 원피스

no.22
87 페플럼(러플)
　꽃무늬 원피스

no.23
92 하이웨이스트
　체크 원피스 • 미디

no.24
93 하이웨이스트
　꽃무늬 원피스 • 미니

no.25
100 스모크 원피스 A
　• 박스형

no.26
101 스모크 원피스 B
　• 허리 조임형

no.27
106 플리츠스커트 원피스

여성복 참고 치수표

(단위 cm)

	S	M	L
가슴둘레	82	88	94
허리둘레	66	70	76
엉덩이둘레	90	94	98
머리둘레	56	57	58
옷 길이	38	39	40
소매길이	52	53	54
밑위길이	26	27	28
밑아래길이	65	68	68
키	158	163	165

제도기호

———————	완성선 (굵은 지시선)	←——→	씨실 방향 또는 결 방향 (화살표 방향으로 옷감의 결 방향(세로)을 일치하게 배치)
———————	안내선 (가는 지시선)	⌣⌣⌣	등분선. 같은 치수를 나타낸다.
— — — —	골선 접은 선	● ○ × △ ◕ ※ ★ etc.	패턴끼리 같은 치수에 맞추는 표시 (정해진 모양은 없다)
— ·· — ·· —	안단 선	╱╱╱╱	심지 표시
∟	직각 표시		
○	단추		주름을 접는 방법을 가리킨다. (사선의 높은 쪽에서 낮은 쪽으로 원단을 접는다)
＋	똑딱단추		

재단배치도를 보는 법

이 책에 수록된 실물 크기 패턴에는 시접이 포함되어 있지 않다. 각 페이지에 나와 있는 '만드는 방법'과 '재단배치도'를 보고 필요한 시접을 주어 재단한다.

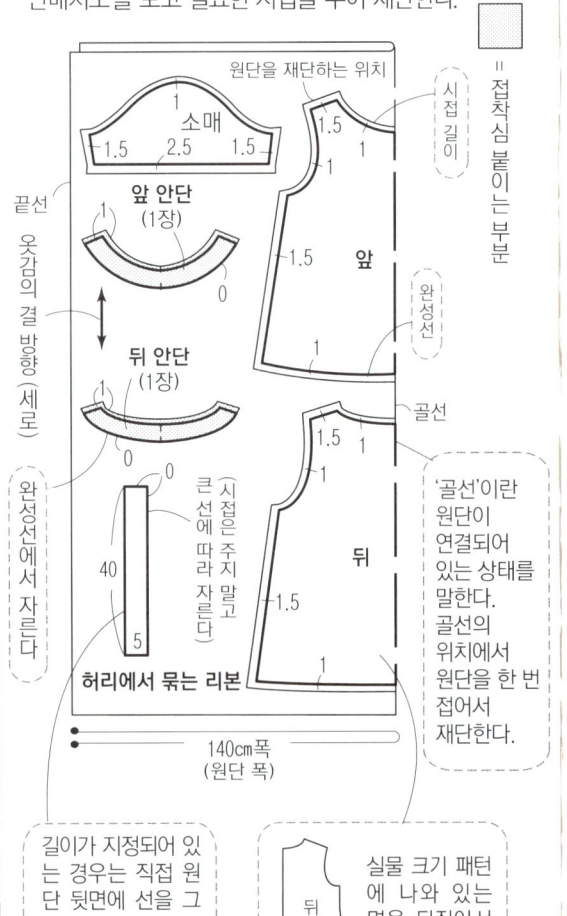

원단의 결 방향

식서 방향 : 원단의 세로(날실) 방향. 잡아 당겼을 때 잘 늘어나지 않는다.

푸서 방향 : 원단의 가로(씨실) 방향. 잡아 당겼을 때 약간 늘어난다.

바이어스 : 45도 각도로 재단한다. 가장 잘 늘어나는 성질이 있어 네크라인이나 진동둘레 등을 바이어스 처리할 때 많이 이용된다.

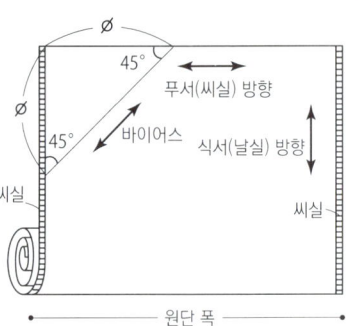

완성치수 표시

이 책에 나온 작품의 옷 길이 완성치수는 앞중심 치수를 가리킨다.

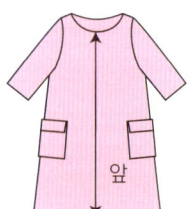

재단배치도의 표시상태에 따라 재단하기

● **재단배치도에 '골선' 상태로 표시된 경우**
원단과 원단 사이(안면)에 양면 초크페이퍼를 끼워서 완성선을 따라 룰렛으로 덧그리면 원단 안면에 그대로 선이 그려진다.

● **원단을 편 상태(1장인 상태)로 표시된 경우**
원단 위(안면)에 단면 초크페이퍼를 놓은 뒤 그 위에 패턴을 놓고 완성선을 따라 룰렛으로 덧그리면 원단 안면에 그대로 선이 그려진다.

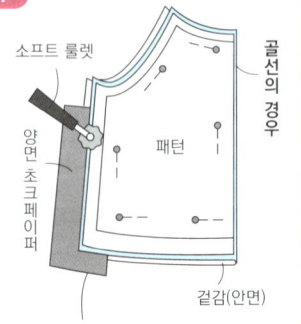

초크페이퍼를 원단의 안면과 안면 사이에 끼운다.

박음질 시작점과 끝지점

박음질 시작점과 끝지점은 되돌아박기 한다. 같은 자리를 2~3번 반복해서 박는다. 그렇게 하면 잘 풀리지 않기 때문에 양 끝에 매듭을 짓지 않고 실을 잘라도 된다.

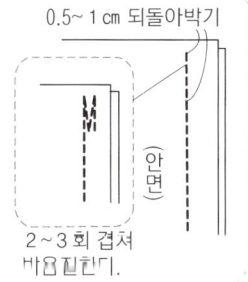

0.5~1 cm 되돌아박기

(안면)

2~3회 겹쳐 박음질한다.

주름을 잡기 위해 큰 땀으로 박는다

재봉틀 땀 폭을 최대로 맞추어 박음질한다. 밑실을 당겨서 주름을 잡는다.

주름 박기

주름이 있는 면을 위로 하여, 송곳으로 주름을 정리하면서 박는다.

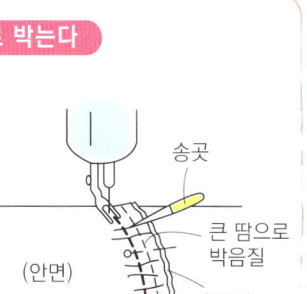

송곳
큰 땀으로 박음질
(안면)
(겉면)

직선 박기

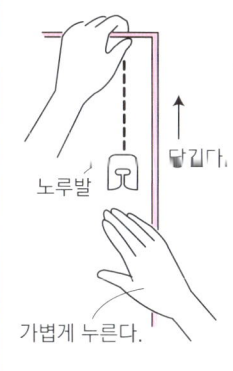

노루발
당기다
가볍게 누른다.

모서리 박기

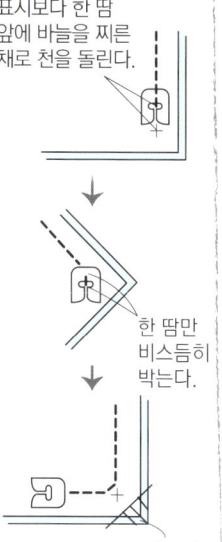

표시보다 한 땀 앞에 바늘을 찌른 채로 천을 돌린다.

한 땀만 비스듬히 박는다.

자른다.

곡선 박기

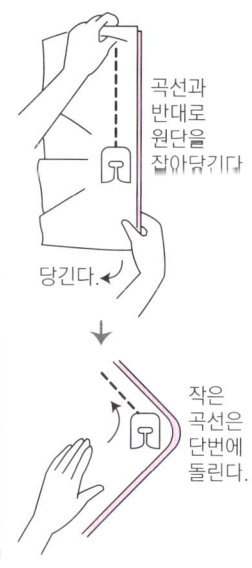

곡선과 반대로 원단을 잡아당기다

당긴다.

작은 곡선은 단번에 돌린다.

손바느질

보통 꿰매기

땀 크기를 크게 해서 홈질하는 것. 가봉하거나 박음질하기 전 시침질할 때 이 방법을 쓴다.

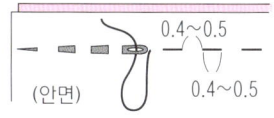

(안면)
0.4~0.5
0.4~0.5
(안면)

홈질

땀 크기를 작게 해서 박는 것. 주름을 잡거나 주머니의 모서리를 둥글게 만들 때 이 방법을 쓴다.

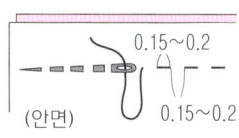

0.15~0.2
(안면)
0.15~0.2

감침질

올을 1~2개 떠서 겉면에 실땀이 나오지 않게 꿰맨다.

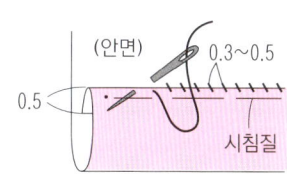

(안면)
0.3~0.5
0.5
시침질

시침질(엉성하게 박기)

재봉틀로 박음질하기 전에 천을 맞대어 듬성듬성 꿰매는 것. 시침핀으로 천을 고정시키는 것보다 어긋나지 않고 꼼꼼하게 된다.

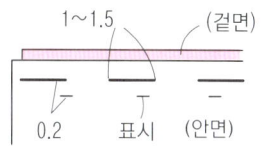

1~1.5
(겉면)
0.2
표시
(안면)

단추 달기

※단추용 실의 경우 한 가닥으로, 재봉틀용 실의 경우 두 가닥으로 바느질한다.

1
실을 느슨하게 한다.
매듭

2
위아래로 2~3번 바늘을 뺀다

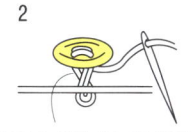

3
3번 정도 휘감는다.

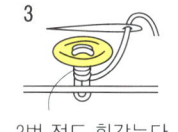

4
끝매듭을 짓는다.

5
2~3번 통과시킨다.

6
실기둥
매듭을 만들어 천 사이에 당겨 넣어 실을 자른다. 실을 느슨하게 한다.

단춧구멍 만들기 & 위치 정하기

※ 재봉틀 기능을 이용해서 단춧구멍을 만든다. 단춧구멍을 뚫을 때는 시침핀을 단춧구멍 끝부분에 끼운 후 실뜯개로 자른다.

세로로 구멍을 내는 경우

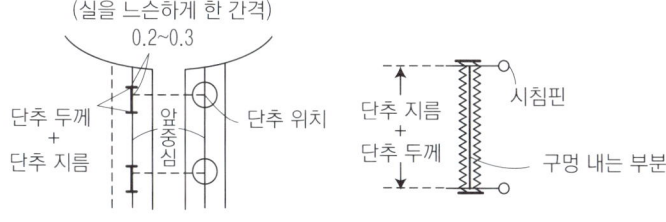

(실을 느슨하게 한 간격)
0.2~0.3
단추 두께 + 단추 지름
앞중심
단추 위치
단추 지름 + 단추 두께
시침핀
구멍 내는 부분

가로로 구멍을 내는 경우

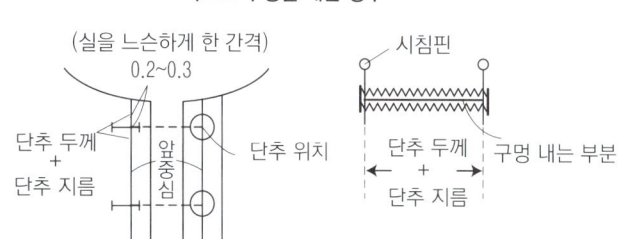

(실을 느슨하게 한 간격)
0.2~0.3
시침핀
단추 두께 + 단추 지름
앞중심
단추 위치
단추 두께 + 단추 지름
구멍 내는 부분

실 색깔 선택하기

실 색깔은 기본적으로 원단 색깔과 같은 색깔을 선택한다. 같은 색이 없는 경우는 그림과 같이 선택한다.

원단 색보다 조금 진한 색
진한 색의 원단

원단 색보다 조금 연한 색
연한 색의 원단

실 색이 눈에 띄지 않는 같은 계열의 비슷한 색
체크무늬 또는 프린트무늬

천 다루기

면이나 마 같은 소재의 천연섬유는 수분을 흡수하면 줄어드는 성질이 있으므로, 재단하기 전에 가볍게 물로 빨아서 줄어들게 한다. 원단이 반쯤 말랐을 때 다리미로 원단의 씨실과 날실 방향을 따라 구김을 가볍게 펼 정도로 다린다.

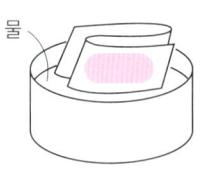
물
1시간 정도 물에 담근다.

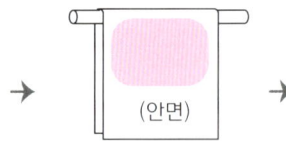
(안면)
그늘에서 말린다.

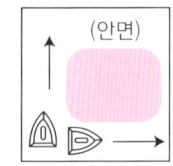
(안면)
반쯤 말랐을 때 원단의 결을 따라 다린다.

접착심 붙이기

사용하는 옷감에 맞춰 다리미의 온도를 설정한 후, 반드시 얇은 천이나 종이를 접착심 위에 얹은 후 다린다.

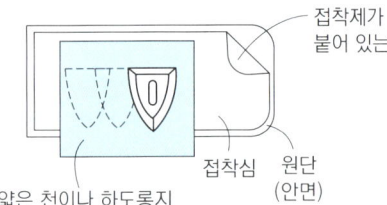
접착제가 붙어 있는 면
접착심
원단 (안면)
얇은 천이나 하도롱지

· 다리미로 붙인다(스프레이를 하지 않는다).
· 사이에 솜털 같은 먼지 등이 들어가지 않도록 한다.
· 다리미를 이리저리 밀지 말고 그대로 15~20초 정도 눌러준다.
· 붙인 후에는 열이 식을 때까지 잠시 그대로 둔다.

다리미로 밀지 말고 반 정도 겹치게 하고, 조금씩 옮겨가면서 눌러 빈틈이 없도록 다린다.

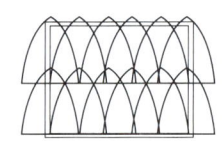
올바른 방법

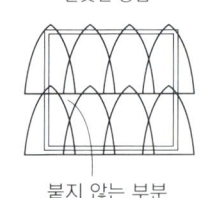
잘못된 방법
붙지 않는 부분

바이어스 천 재단하기 · 잇기

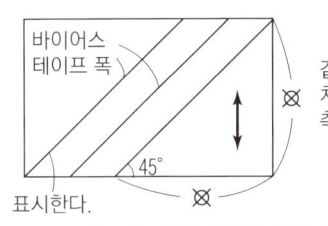
바이어스 테이프 폭
같은 치수(⊠)를 측정한다.
45°
표시한다.
⊠

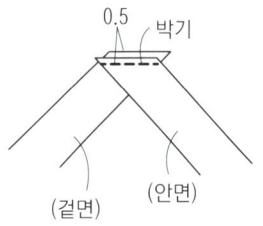
0.5
박기
(겉면)
(안면)

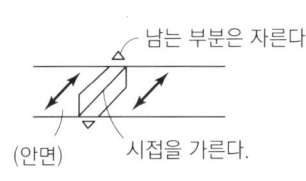
남는 부분은 자른다.
(안면)
시접을 가른다.

바이어스 처리하기

바이어스 천
시판 바이어스 테이프의 경우

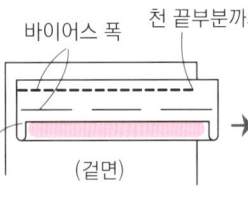
바이어스 폭 긴 쪽
바이어스 폭

천 끝부분까지 박는다.
바이어스 폭
(겉면)

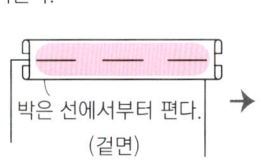
박은 선에서부터 편다.
(겉면)

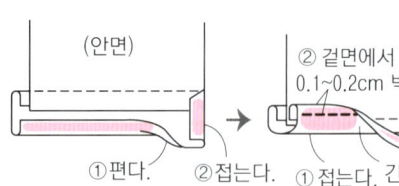
(안면)
① 편다. ② 접는다.
② 겉면에서 0.1~0.2cm 박는다.
(안면)
① 접는다. 긴 쪽

시접 정리법

바이어스 천

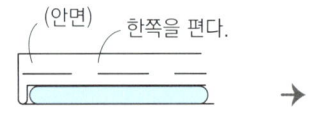
바이어스 천의 폭

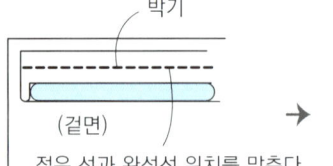
(안면)
한쪽을 편다.
박기
(겉면)
접은 선과 완성선 위치를 맞춘다.

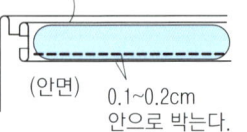
박음질한 부분에서 뒤로 넘긴다.
(안면)
0.1~0.2cm 안으로 박는다.

실물 크기 패턴 사용법

1 실물 크기 패턴을 자른다.

• 절취선을 따라 실물 크기 패턴을 자른다.
• 만들고 싶은 작품번호 패턴이 어떤 선으로 표시되어 있는지, 몇 장으로 되어 있는지를 확인한다.

2 다른 종이에 옮겨 그린다.

다른 종이에 옮겨 그려서 사용한다. 옮겨 그리는 방법에는 두 가지가 있다.

【비치지 않는 종이에 옮겨 그릴 경우】

옮겨 그리는 종이 위에 패턴을 놓고 종이와 패턴사이에 초크페이퍼를 끼워넣는다. 소프트룰렛으로 패턴의 선을 따라 덧그린다.

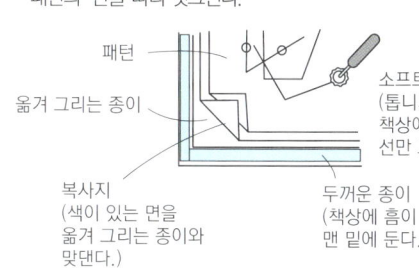

패턴
옮겨 그리는 종이
복사지
(색이 있는 면을 옮겨 그리는 종이와 맞댄다.)
소프트룰렛
(톱니가 동그래서 책상에 흠이 생기지 않고 선만 그릴 수 있다.)
두꺼운 종이
(책상에 흠이 생기지 않도록 맨 밑에 둔다.)

【비치는 얇은 종이에 옮겨 그릴 경우】

옮겨 그릴 비치는 종이를 패턴 위에 놓고 연필로 본을 떠서 그린다.

패턴
옮겨 그리는 종이
종이가 움직이지 않도록 추나 시침핀으로 고정한다.
연필은 끝이 뾰족한 것을 사용한다.

【패턴을 옮겨 그릴 때 주의할 점】

맞춤점, 붙이는 위치, 트임 끝, 원단의 결 방향(씨실 방향) 등도 잊지 말고 옮겨 그린다. 어떤 부분의 패턴인지 알 수 있도록 명칭도 적어둔다.

3 시접을 주고 패턴을 재단한다.

패턴에는 시접이 포함되어 있지 않으므로 반드시 '만드는 법' 페이지를 참고해 시접을 주고 재단한다.

【시접을 줄 때 주의할 점】

• 박음질로 연결하는 부분의 시접은 같은 폭으로 한다.
• 완성선과 평행이 되도록 시접을 준다.
• 시접선을 연장할 때는 옮겨 그릴 종이에 여백을 두고, 시접을 되접은 상태에서 자르고 시접이 부족하지 않도록 주의한다. (그림 참고)
• 시접을 주는 방법은 원단 소재의 성질(두께, 신축성)이나 트임의 위치(뒤중심, 앞중심, 왼쪽 옆선 등), 봉제 방법 등에 따라 달라진다.

직각
시접선
완성선
골선
평행
몸판
평행
평행
소매
밑단
소맷부리
시접을 접은 상태로 자른다.

재단 후에는 부위 명칭이나 씨실 방향 등 표시하지 않은 것이 없는지 확인한다.

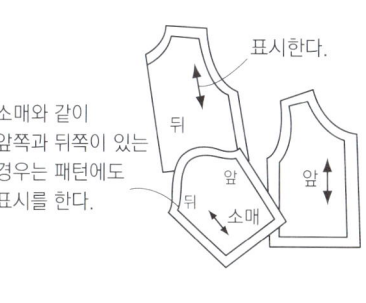

표시한다.
뒤
앞
소매와 같이 앞쪽과 뒤쪽이 있는 경우는 패턴에도 표시를 한다.
뒤
앞
소매

4 패턴을 원단 위에 올려놓고 원단을 재단한다.

필요한 패턴을 원단 위에 놓는다. 이때 원단을 접는 방법이나 패턴의 씨실 방향(결 방향) 등에 주의하면서 배치한다. 원단이 움직이지 않도록 하면서 재단한다.

원단의 결 방향

날실(세로) 방향을 식서 방향이라 하고, 씨실(가로) 방향을 푸서 방향이라 한다. 원단의 결 방향과 패턴의 결선(⇔) 방향에 따라 패턴을 배치한다.

큰 책상이 없다면 원단을 펼 수 있는 공간에서 재단한다.

먼저 패턴을 모두 배치해보고 좋은 배치 방법을 생각한다.

재단할 때 원단을 움직이게 하면 선이 맞지 않게 되므로, 원단은 그대로 두고 몸을 옮겨가면서 재단한다.

직선 부분은 실물 크기 패턴에는 없으므로 직접 원단에 그려서 재단한다.

탈부착 칼라 원피스

no. 1 ·········

흰색 칼라를 떼어낸 심플한 디자
인. 심플한 허링의 분위기를 연출
할 수 있다.

원피스와 같은 천으로 칼라를 만들어
이미지 변신. 심플하고 차분한 분위기
를 연출할 수 있다.

no.1

재료		S	M	L
겉감(면 스트레칭 체크)	130cm 폭	3m	3m10cm	3m10cm
배색천(폴리에스테르 데신)	146cm 폭	60cm	60cm	60cm
접착심	112cm 폭	60cm	60cm	60cm
단추	지름 1cm	11개	11개	11개
완성 치수	옷 길이	97cm	101cm	102cm

*치수 참고하기
숫자가 3개 있는 것은
상 : S 사이즈,
중 : M 사이즈,
하 : L 사이즈이며,
숫자가 1개만 있는 것은 공통

*데신(de chine) : 크레프 데 신(crepe de chine)의 줄임말. 날실과 씨실에 변화를 줘서 주름이 잘 가지 않게 만든 직물

패턴 사용법

- **실물 크기 패턴** : A면 no.1을 사용한다.
- **사용하는 패턴 부위** : 앞, 뒤, 앞 안단, 뒤 안단, 소매, 칼라, 칼라받침

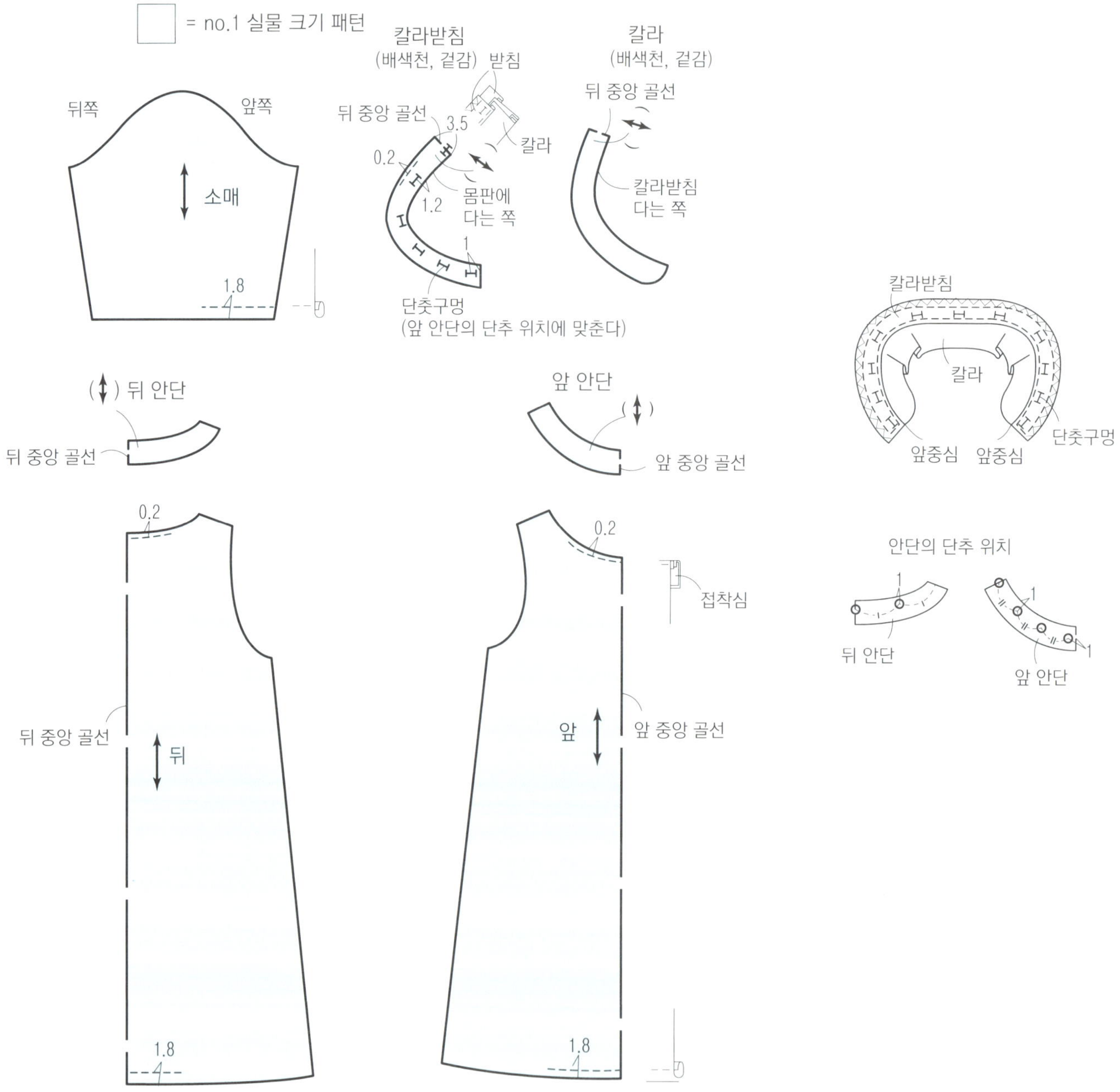

☐ = no.1 실물 크기 패턴

뒤쪽　　　　앞쪽

소매

1.8

칼라받침
(배색천, 겉감) 받침
뒤 중앙 골선　　3.5　칼라
0.2
1.2
몸판에
다는 쪽
1
단춧구멍
(앞 안단의 단추 위치에 맞춘다)

칼라
(배색천, 겉감)
뒤 중앙 골선
칼라받침
다는 쪽

칼라받침
칼라
앞중심　앞중심　단춧구멍

(↕) 뒤 안단
뒤 중앙 골선

앞 안단
앞 중앙 골선

안단의 단추 위치
1
뒤 안단
1
앞 안단
1

0.2
뒤 중앙 골선
뒤
1.8

0.2
접착심
앞 중앙 골선
앞
1.8

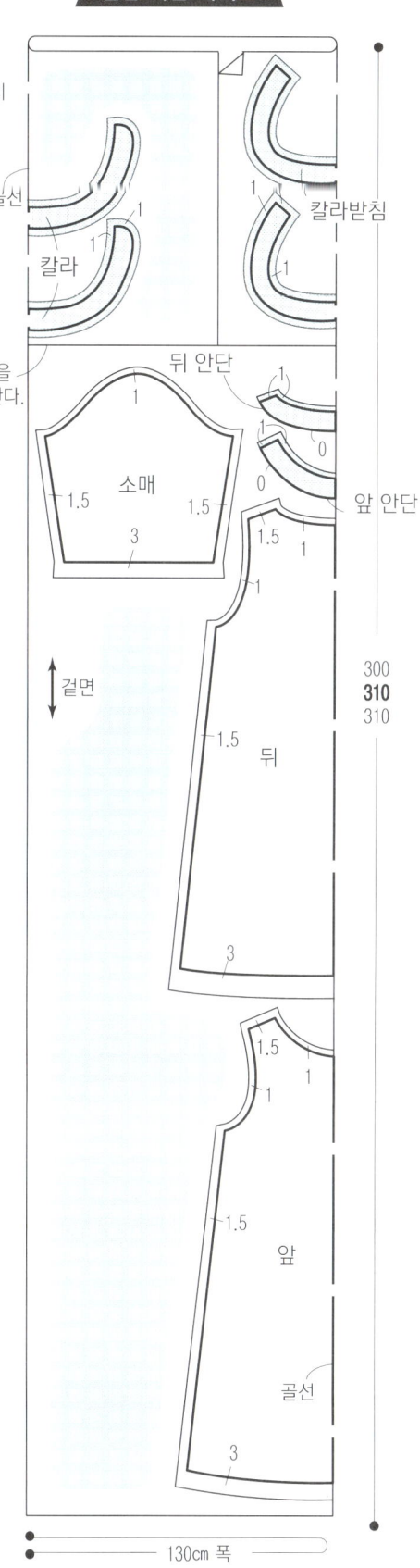

= 접착심을 붙이는 위치

만드는 순서

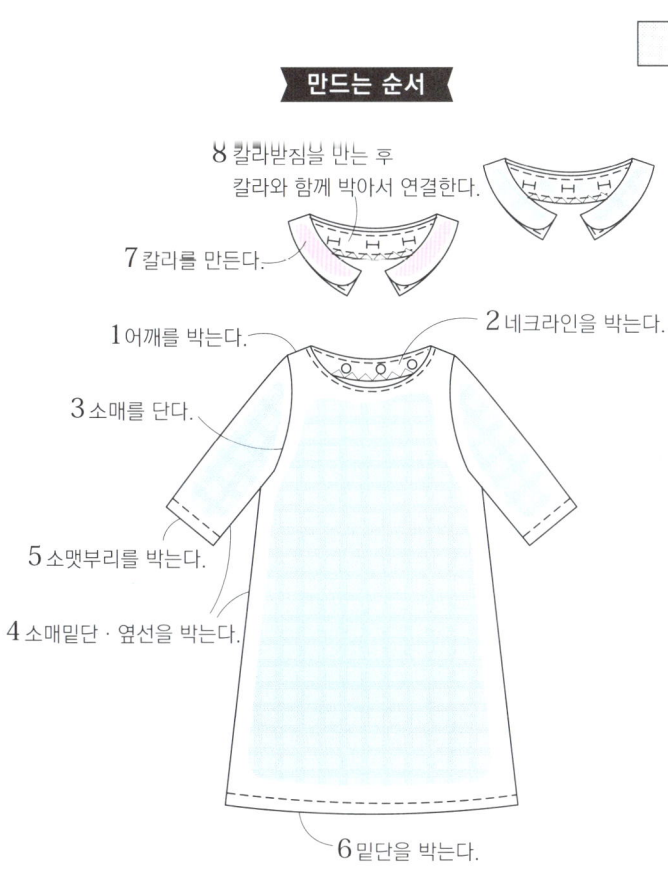

8 칼라받침을 만든 후
칼라와 함께 박아서 연결한다.

7 칼라를 만든다.

1 어깨를 박는다.

2 네크라인을 박는다.

3 소매를 단다.

5 소맷부리를 박는다.

4 소매밑단·옆선을 박는다.

6 밑단을 박는다.

배색천 재단 배치도

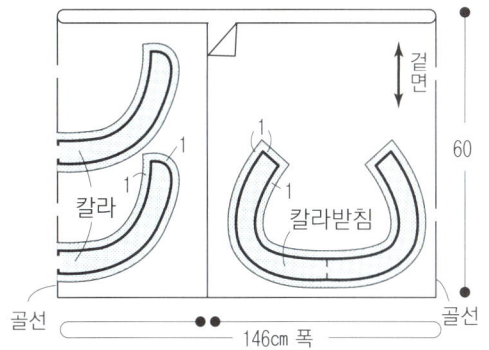

겉면

60

칼라

칼라받침

골선

146cm 폭

골선

겉면

골선

칼라

칼라받침

원단을
재단한다.

칼라받침

뒤 안단

소매

앞 안단

1.5   1.5

3

1

1

1

1

0

0

1.5

1.5

1

뒤

3

1.5   1

1

1.5

1.5

앞

골선

3

300
310
310

130cm 폭

11

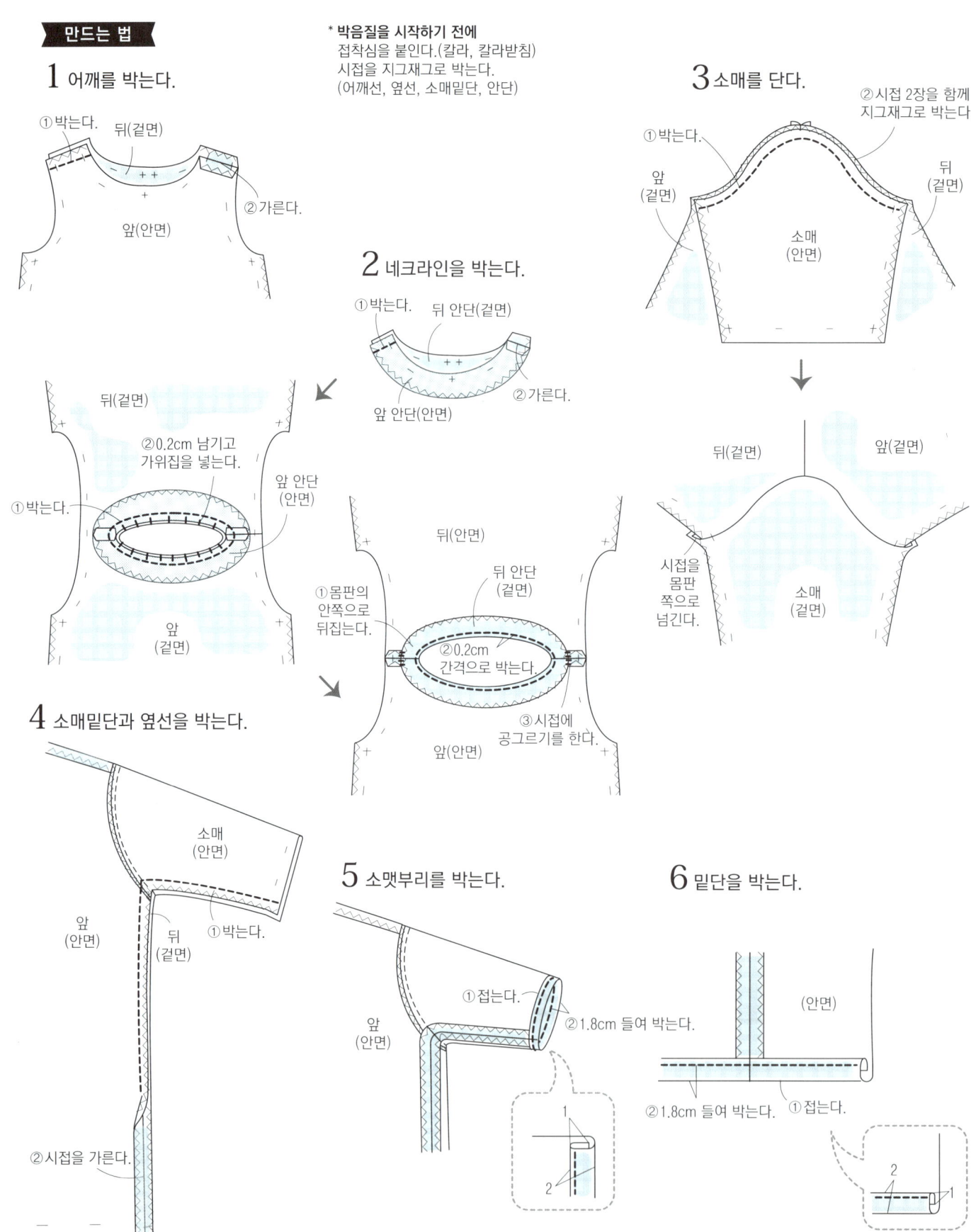

1 어깨를 박는다.

* 박음질을 시작하기 전에
  접착심을 붙인다.(칼라, 칼라받침)
  시접을 지그재그로 박는다.
  (어깨선, 옆선, 소매밑단, 안단)

① 박는다.   뒤(겉면)
앞(안면)
② 가른다.

뒤(겉면)
②0.2cm 남기고
가위집을 넣는다.
① 박는다.
앞
(겉면)
앞 안단
(안면)

2 네크라인을 박는다.

① 박는다.   뒤 안단(겉면)
앞 안단(안면)
② 가른다.

①몸판의
안쪽으로
뒤집는다.
뒤(안면)
뒤 안단
(겉면)
②0.2cm
간격으로 박는다.
③시접에
공그르기를 한다.
앞(안면)

3 소매를 단다.

②시접 2장을 함께
지그재그로 박는다.
① 박는다.
앞
(겉면)
뒤
(겉면)
소매
(안면)

뒤(겉면)   앞(겉면)
시접을
몸판
쪽으로
넘긴다.
소매
(겉면)

4 소매밑단과 옆선을 박는다.

소매
(안면)
앞
(안면)
뒤
(겉면)
① 박는다.
②시접을 가른다.

5 소맷부리를 박는다.

앞
(안면)
①접는다.
②1.8cm 들여 박는다.

1
2

6 밑단을 박는다.

(안면)
②1.8cm 들여 박는다.   ①접는다.

2
1

7 칼라를 만든다.

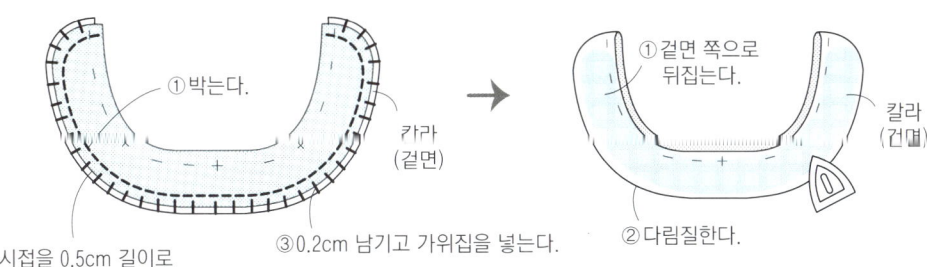

① 박는다.

카라
(겉면)

② 시접을 0.5cm 길이로
맞추어 잘라낸다.

③ 0.2cm 남기고 가위집을 넣는다.

① 겉면 쪽으로
뒤집는다.

칼라
(겉면)

② 다림질한다.

단춧구멍을 만드는 법

시침핀

재봉틀 기능을 이용해서
단춧구멍을 만든다.
가위집을 넣을 때는
시침핀을 꽂고
실뜯개로 자른다.

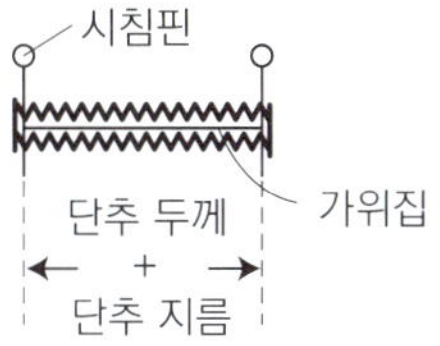

단추 두께

가위집

단추 지름

---

8 칼라받침을 만든 후 박음질해 칼라와 연결한다.

※탈부착식 칼라는 원피스와 같은 원단과 다른 원단 2종류를 만든다.

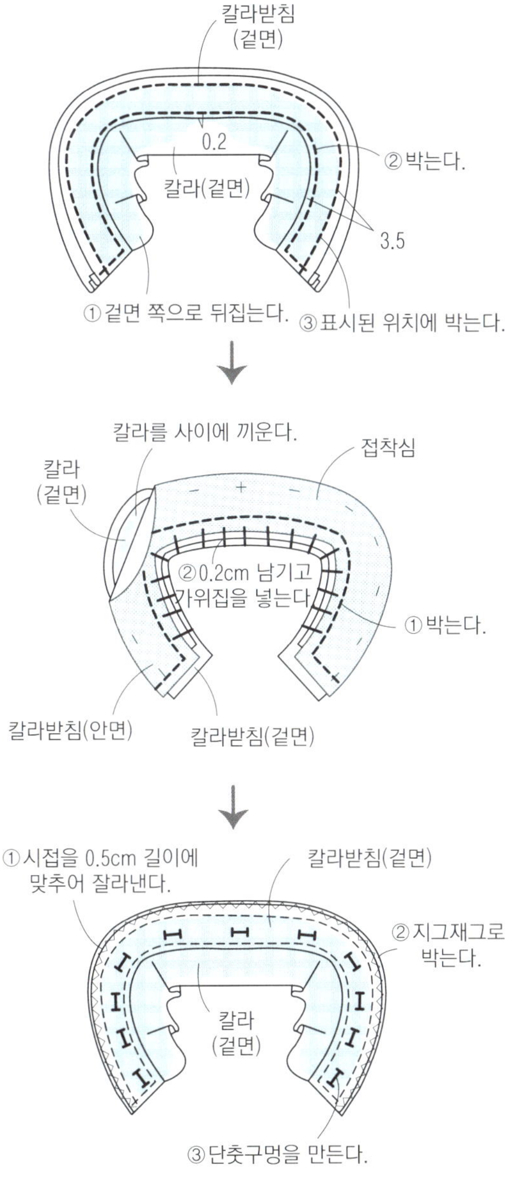

칼라받침
(겉면)

0.2

② 박는다.

칼라(겉면)

3.5

① 겉면 쪽으로 뒤집는다.　③표시된 위치에 박는다.

칼라를 사이에 끼운다.

접착심

칼라
(겉면)

② 0.2cm 남기고
가위집을 넣는다.

① 박는다.

칼라받침(안면)　　칼라받침(겉면)

① 시접을 0.5cm 길이에
맞추어 잘라낸다.

칼라받침(겉면)

② 지그재그로
박는다.

칼라
(겉면)

③ 단춧구멍을 만든다.

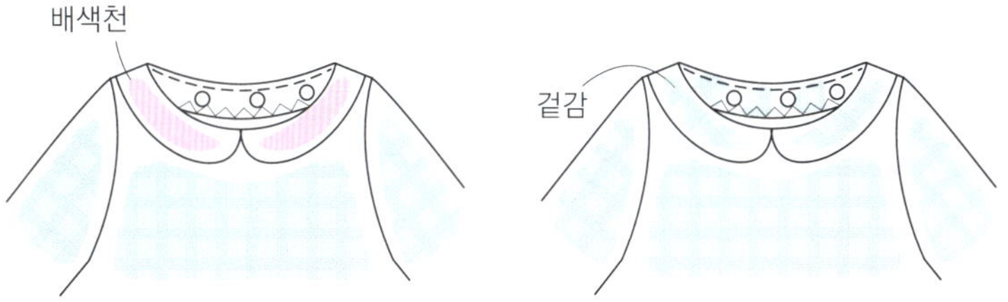

배색천

겉감

단추를 단다.

완성

13

포켓 달린
데님 원피스

no. 2

평상복으로도 입을 수 있는 데님 소재
의 원피스. 촉감이 부드러운 6온스 데
님으로 만들었어요. 장식 플랩이 달린
주머니가 귀여운 포인트랍니다.

줄무늬 셔츠를 안에 받쳐 입으면
캐주얼하고 스타일리시한 이미지
를 연출할 수 있어요.

no.2

재료		S	M	L
겉감(데님)	112cm 폭	2m70cm	2m80cm	2m80cm
접착심	112cm 폭	30cm	30cm	30cm
완성 치수	옷 길이	97cm	101cm	102cm

*치수 참고하기
숫자가 3개 있는 것은
상 : S 사이즈,
중 : M 사이즈,
하 : L 사이즈이며,
숫자가 1개만 있는 것은 공통

패턴 사용법

· **실물 크기 패턴** : A면 no.1, no.2를 사용한다.

· **사용하는 패턴 부위** : 앞, 뒤, 앞 안단, 뒤 안단, 소매(no.1의 패턴)
주머니, 플랩(no.2의 패턴)

■ = no.1의 실물 크기 패턴   ■ = no.2의 실물 크기 패턴

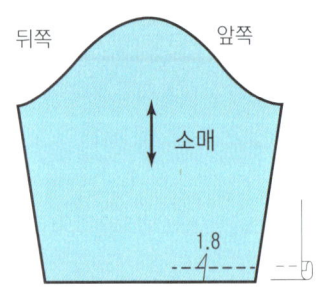

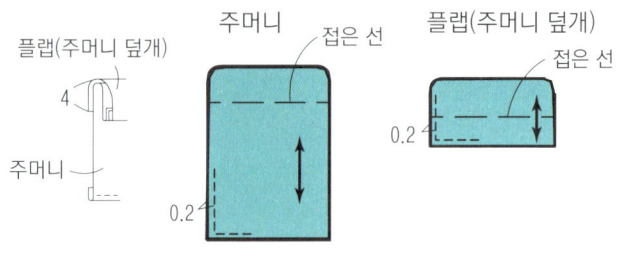

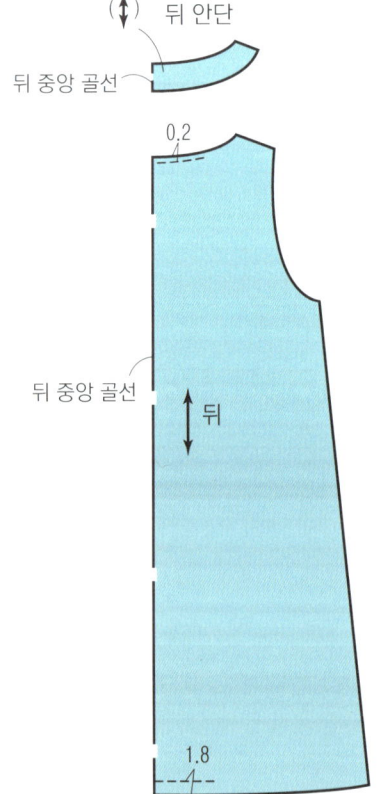

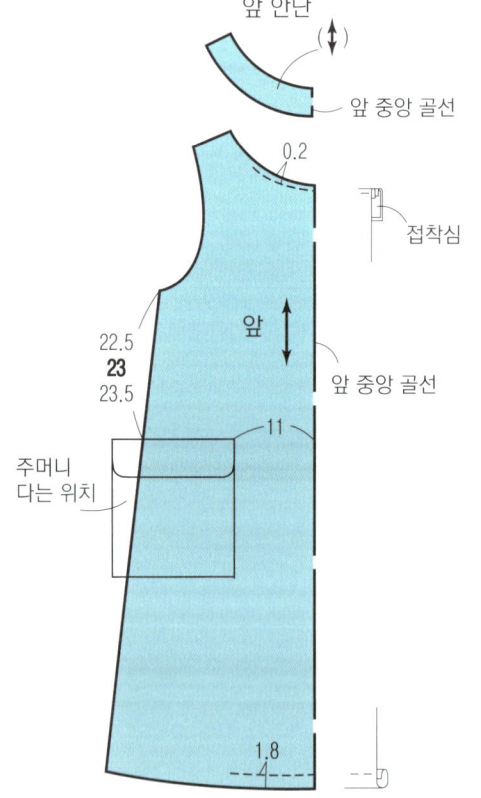

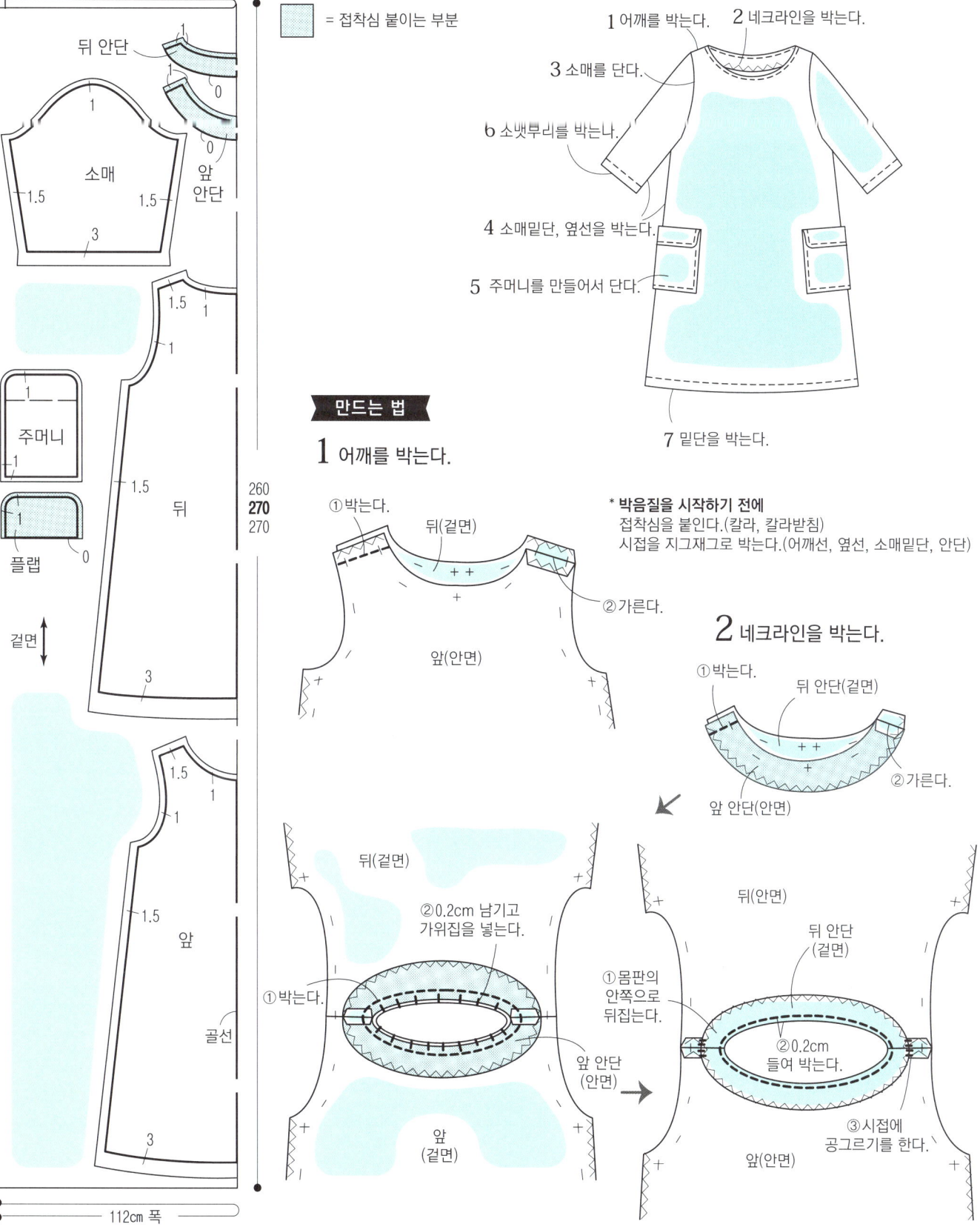

= 접착심 붙이는 부분

뒤 안단

소매

1.5   1.5

3

1

앞
안단

주머니

1

1

1

플랩

1

0

겉면

260
270
270

1.5   1

1

1.5

뒤

3

1.5   1

1

1.5

앞

골선

3

← 112cm 폭 →

만드는 순서

1 어깨를 박는다.   2 네크라인을 박는다.

3 소매를 단다.

6 소맷부리를 박는다.

4 소매밑단, 옆선을 박는다.

5 주머니를 만들어서 단다.

7 밑단을 박는다.

만드는 법

1 어깨를 박는다.

① 박는다.   뒤(겉면)

++

②가른다.

앞(안면)

＊박음질을 시작하기 전에
 접착심을 붙인다.(칼라, 칼라받침)
 시접을 지그재그로 박는다.(어깨선, 옆선, 소매밑단, 안단)

2 네크라인을 박는다.

①박는다.   뒤 안단(겉면)

++

②가른다.

앞 안단(안면)

뒤(겉면)

②0.2cm 남기고
가위집을 넣는다.

①박는다.

앞 안단
(안면)

앞
(겉면)

뒤(안면)

뒤 안단
(겉면)

①몸판의
안쪽으로
뒤집는다.

②0.2cm
들여 박는다.

③시접에
공그르기를 한다.

앞(안면)

3 소매를 단다.

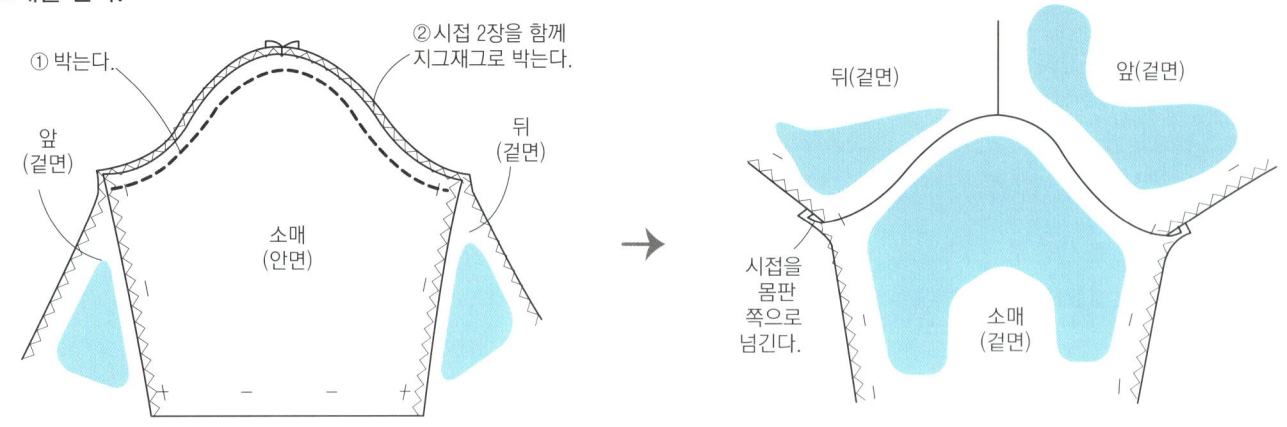

① 박는다.
② 시접 2장을 함께 지그재그로 박는다.
앞(겉면)
뒤(겉면)
소매(안면)

뒤(겉면)
앞(겉면)
시접을 몸판 쪽으로 넘긴다.
소매(겉면)

4 소매밑단과 옆선을 박는다.

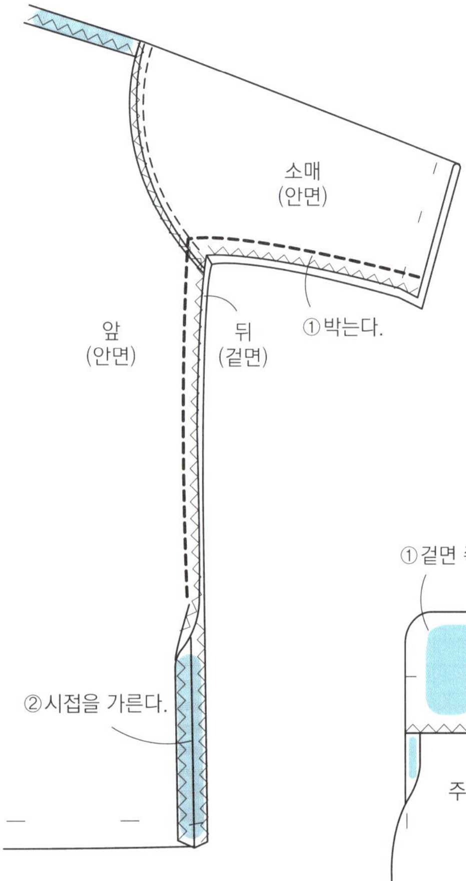

소매(안면)
① 박는다.
앞(안면)
뒤(겉면)
② 시접을 가른다.

5 주머니를 만들어 단다.

※플랩에 접착심을 붙인다.

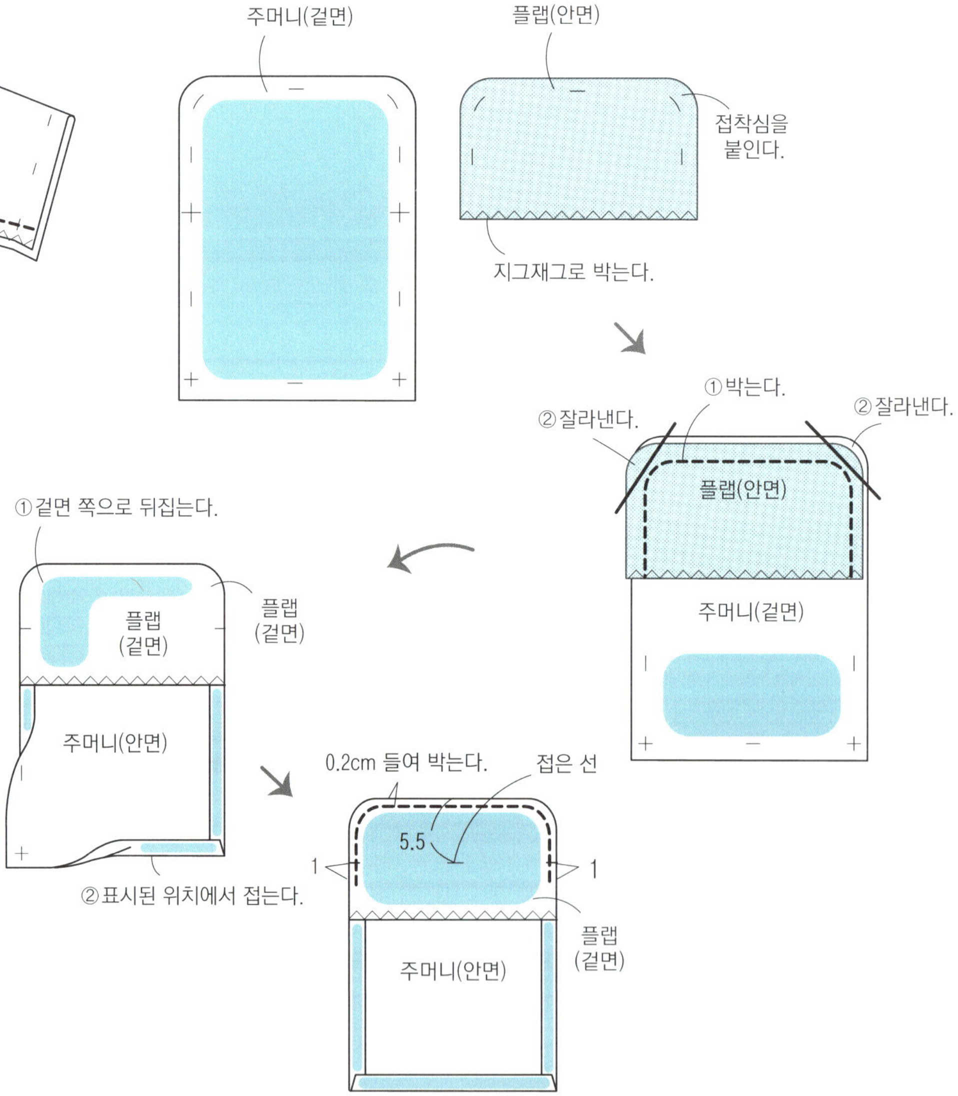

주머니(겉면)

플랩(안면)
접착심을 붙인다.
지그재그로 박는다.

① 박는다.
② 잘라낸다.
② 잘라낸다.
플랩(안면)
주머니(겉면)

① 겉면 쪽으로 뒤집는다.
플랩(겉면)
플랩(겉면)
주머니(안면)
② 표시된 위치에서 접는다.

0.2cm 들여 박는다.
접은 선
5.5
1
1
주머니(안면)
플랩(겉면)

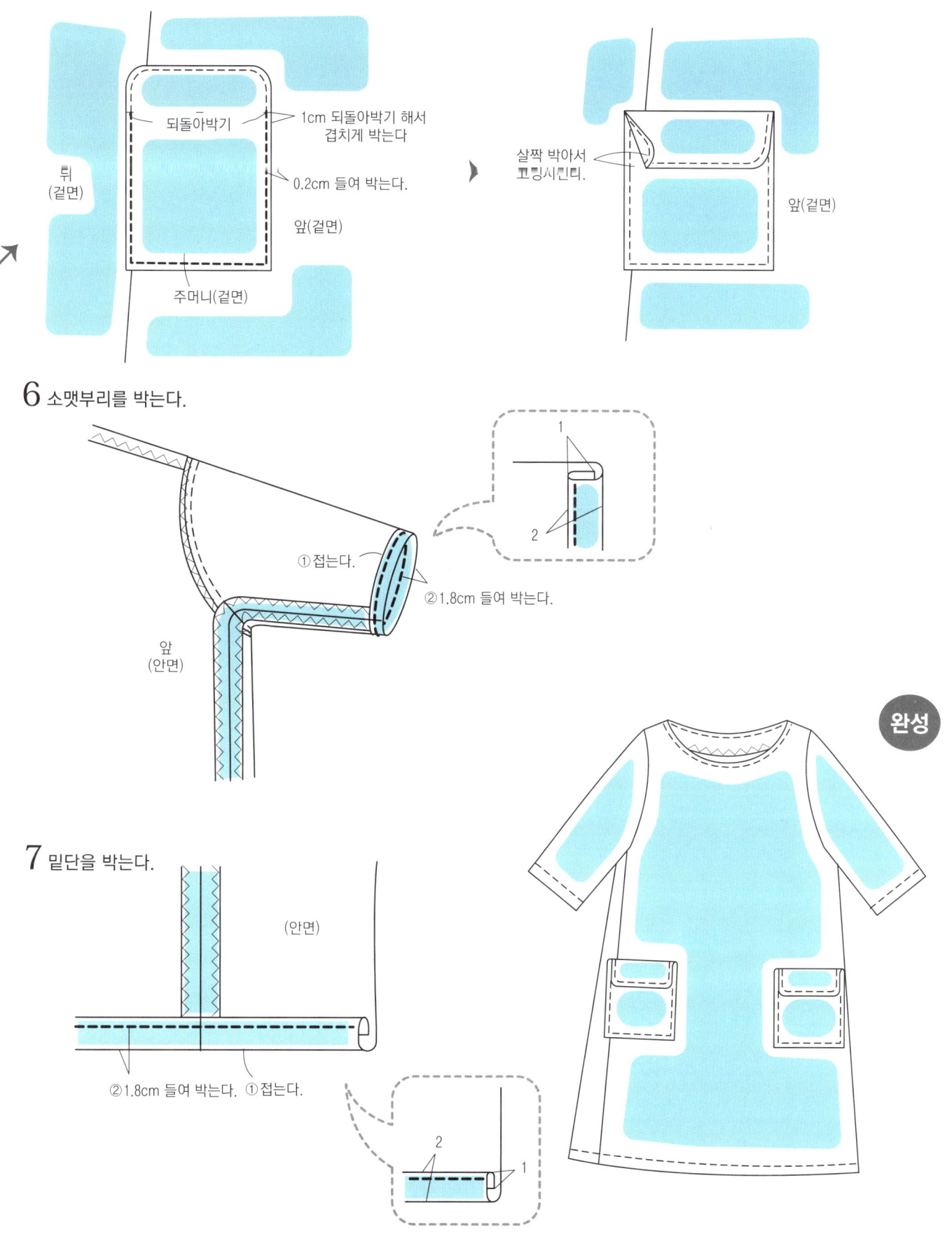

되돌아박기
1cm 되돌아박기 해서 겹치게 박는다
0.2cm 들여 박는다.
뒤(겉면)
앞(겉면)
주머니(겉면)

살짝 박아서 프링시킨다.
앞(겉면)

6 소맷부리를 박는다.

①접는다.
②1.8cm 들여 박는다.
앞(안면)

1
2

7 밑단을 박는다.

(안면)
②1.8cm 들여 박는다. ①접는다.
2
1

완성

체크무늬 A라인 원피스

no. 3

옐로 계열의 작은 체크무늬가 귀여운 원피스. 주머니와 소맷부리에 바이어스 처리를 해서 포인트를 줬어요. 앞가슴에 맞주름을 잡아서 활동하기 편하답니다.

투 컬러 원피스

두 가지 색깔의 리넨 원단을 사용
한 모던한 원피스. 기호에 따라 색
을 선택하거나 위아래 배색을 바꾸
면 또 다른 분위기를 연출할 수 있
어요.

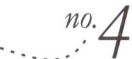

*no.*4

no.3

재료		S	M	L
겉감(선염색 체크)	110cm 폭	2m50cm	2m60cm	2m60cm
접착심	112cm 폭	30cm	30cm	30cm
완성 치수	옷 길이	90cm	93.5cm	94.5cm

*치수 참고하기
숫자가 3개 있는 것은
상 : S 사이즈,
중 : M 사이즈,
하 : L 사이즈이며,
숫자가 1개만 있는 것은 공통

패턴 사용법

- **실물 크기 패턴** : 몸판은 A면 no.1을 응용, 주머니는 no.3을 사용한다.
- **사용하는 패턴 부위** : 앞, 뒤, 앞 안단, 뒤 안단, 소매(no.1의 패턴)
  주머니(no.3의 패턴)
- **패턴 고치는 방법** : 앞중심에 주름 부분 만큼을 추가하며, 옷 길이와 소매 길이는 짧게 한다.
  소맷부리 감과 주머니는 바이어스 방향으로 재단한다.

☐ = no.1의 실물 크기 패턴   ☐ = no.3의 실물 크기 패턴

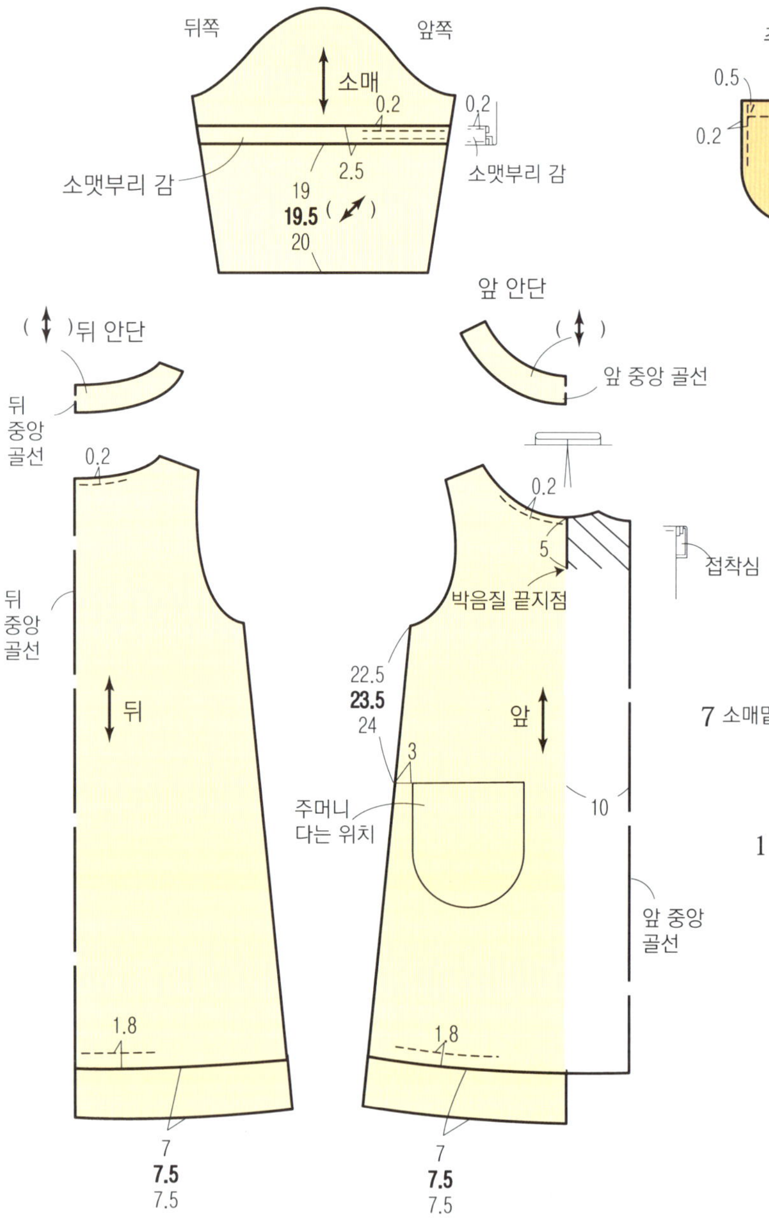

뒤쪽   앞쪽

소매
0.2   0.2
2.5
소맷부리 감   소맷부리 감
19
19.5
20

주머니
0.5
0.2   1.8

만드는 순서

4 네크라인을 박는다.   2 주름을
3 어깨를 박는다.   접어서 박는다.
6 소매를 단다.
5 소맷부리를
  박는다.
7 소매밑단 · 옆선을 박는다.
1 주머니를
  만들어서 단다.
8 밑단을 박는다.

(↕) 뒤 안단
뒤 중앙 골선

앞 안단   (↕)
앞 중앙 골선

0.2
0.2
5
박음질 끝지점
접착심

뒤 중앙 골선

뒤

22.5
23.5
24
3
주머니 다는 위치
앞
10
앞 중앙 골선

1.8   1.8

7   7
7.5   **7.5**
7.5   7.5

= 접착심 붙이는 부분

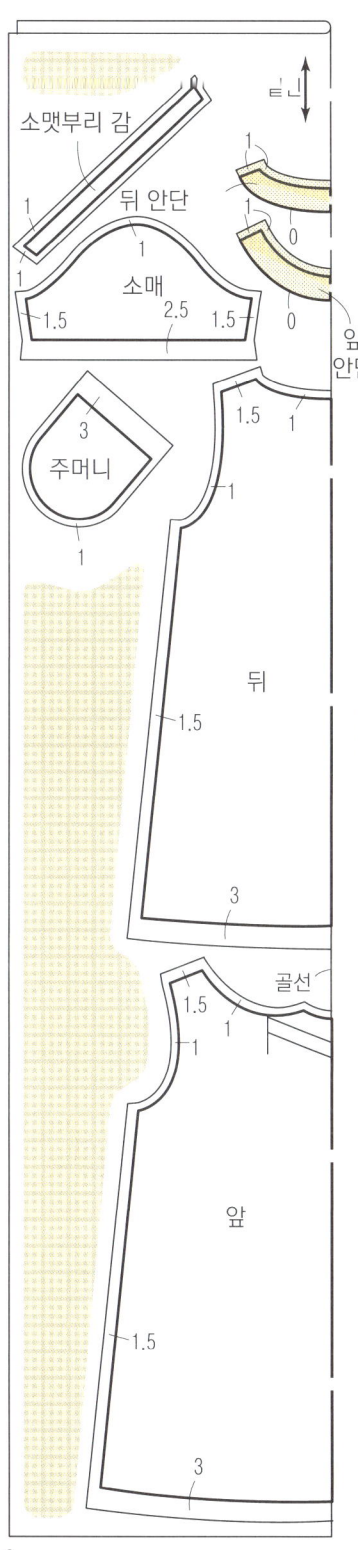

소맷부리 감

뒤 안단

소매

1.5 2.5 1.5

0 0

1

1

1

3
주머니

1

1.5 1

앞
안단

뒤

1.5

3

골선

1.5

1

앞

1.5

3

250
260
260

110cm 폭

만드는 법

* **박음질을 시작하기 전에**
접착심을 붙인다.
시접을 지그재그로 박는다.(어깨선, 옆선, 소매밑단, 안단)

1 주머니를 만들어서 단다.

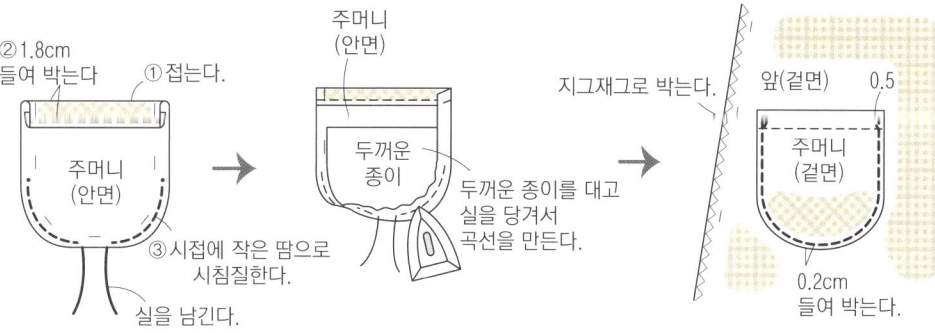

②1.8cm
들여 박는다 ①접는다.

주머니
(안면)

③시접에 작은 땀으로
시침질한다.

실을 남긴다.

주머니
(안면)

두꺼운
종이

두꺼운 종이를 대고
실을 당겨서
곡선을 만든다.

지그재그로 박는다.

앞(겉면) 0.5

주머니
(겉면)

0.2cm
들여 박는다.

2 주름을 접어서 박는다.

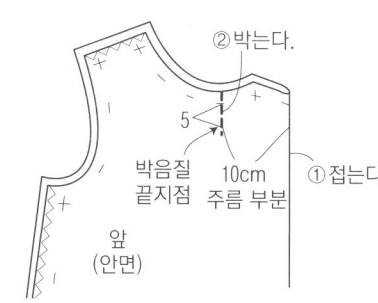

②박는다.

5

박음질
끝지점 10cm
주름 부분

①접는다.

앞
(안면)

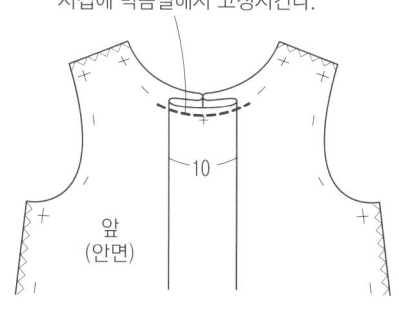

시접에 박음질해서 고정시킨다.

10

앞
(안면)

3 어깨를 박는다.

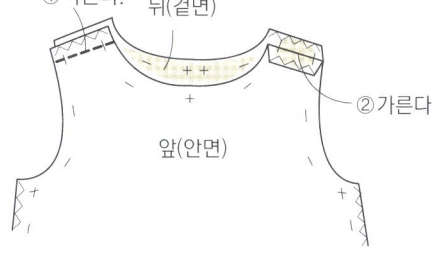

①박는다. 뒤(겉면)

②가른다.

앞(안면)

4 네크라인을 박는다.

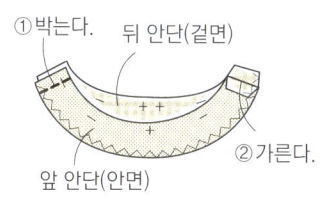

①박는다. 뒤 안단(겉면)

②가른다.

앞 안단(안면)

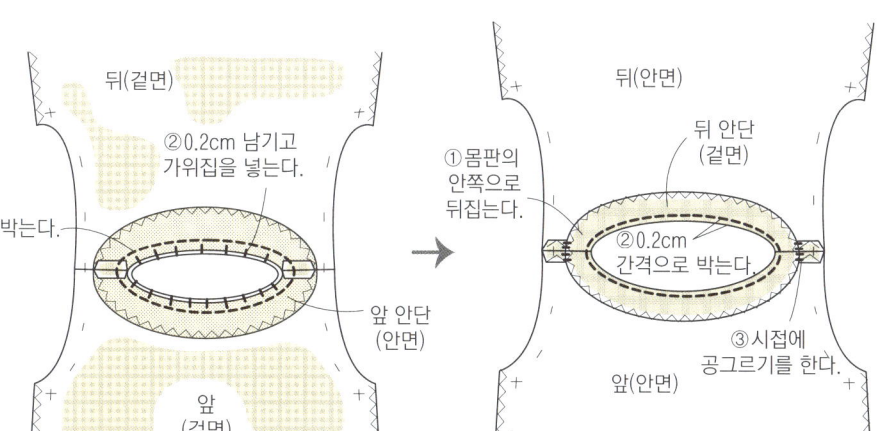

뒤(겉면)

②0.2cm 남기고
가위집을 넣는다.

①박는다.

앞 안단
(안면)

앞
(겉면)

①몸판의
안쪽으로
뒤집는다.

뒤(안면)

뒤 안단
(겉면)

②0.2cm
간격으로 박는다

③시접에
공그르기를 한다.

앞(안면)

23

5 소맷부리를 박는다.

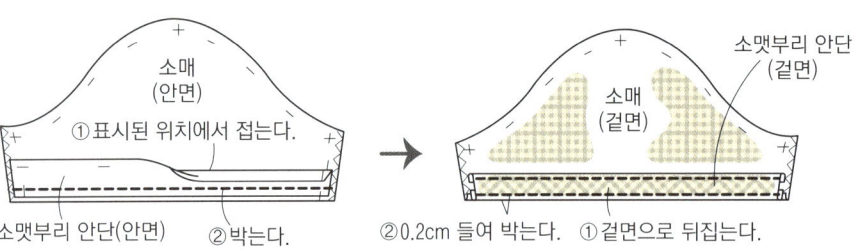

소매
(안면)

①표시된 위치에서 접는다.

소맷부리 안단(안면)
②박는다.

→

소매
(겉면)

소맷부리 안단
(겉면)

②0.2cm 들여 박는다. ①겉면으로 뒤집는다.

6 소매를 단다.

②시접 2장을 함께
지그재그로 박는다.

①박는다.

앞
(겉면)

소매
(안면)

뒤
(겉면)

↓

뒤(겉면)

앞
(겉면)

소매
(겉면)

시접을 몸판 쪽으로 넘긴다.

7 옆선, 소매밑단을 박는다.

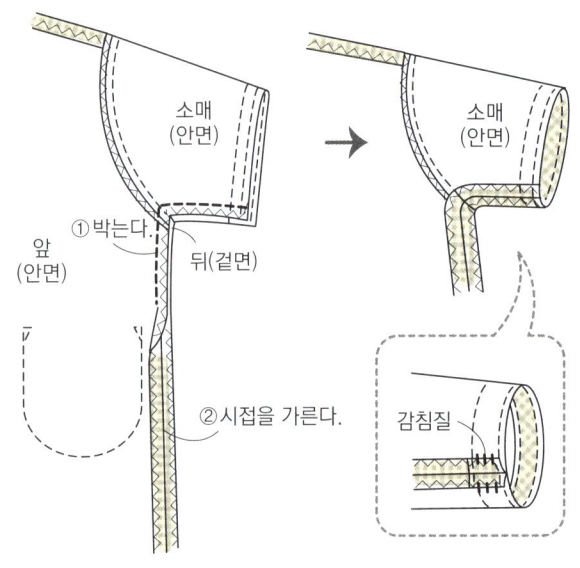

소매
(안면)

소매
(안면)

→

앞
(안면)

①박는다.

뒤(겉면)

②시접을 가른다.

감침질

8 밑단을 박는다.

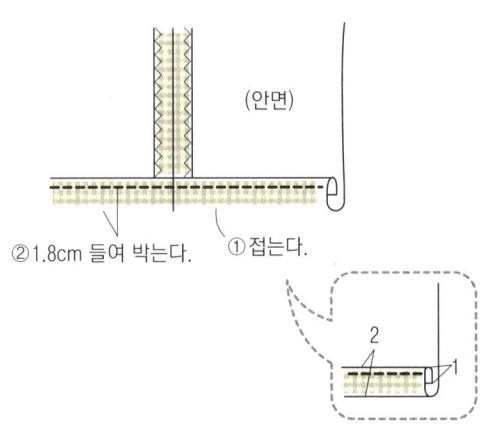

(안면)

②1.8cm 들여 박는다. ①접는다.

2

1

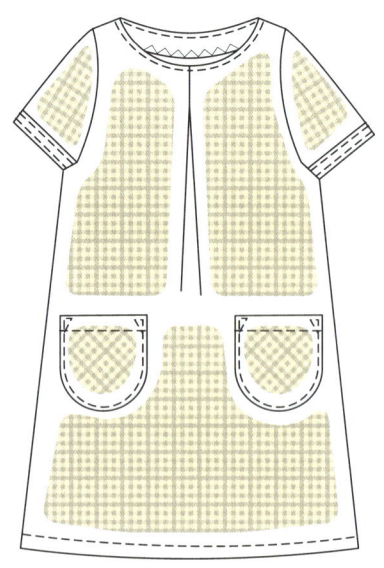

완성

no.4

재료		S	M	L
겉감(리넨, 갈색)	140cm 폭	1m60cm	1m70cm	1m70cm
배색천(리넨, 감색)	140cm 폭	70cm	80cm	80cm
접착심	112cm 폭	30cm	30cm	30cm
완성 치수	옷 길이	93cm	97cm	98cm

*치수 참고하기
숫자가 3개 있는 것은
상 : S 사이즈,
중 : M 사이즈,
하 : L 사이즈이며,
숫자가 1개만 있는 것은 공통

패턴 사용법

• **실물 크기 패턴** : A면 no.1을 응용한다.

• **사용하는 패턴 부위** : 앞, 뒤, 앞 안단, 뒤 안단, 소매

• **패턴 고치는 방법** : 몸판 아래 부분에서 배색천과 연결한다. 옷 길이와 소매 길이를 짧게 한다.

만드는 순서

= no.1의 실물 크기 패턴

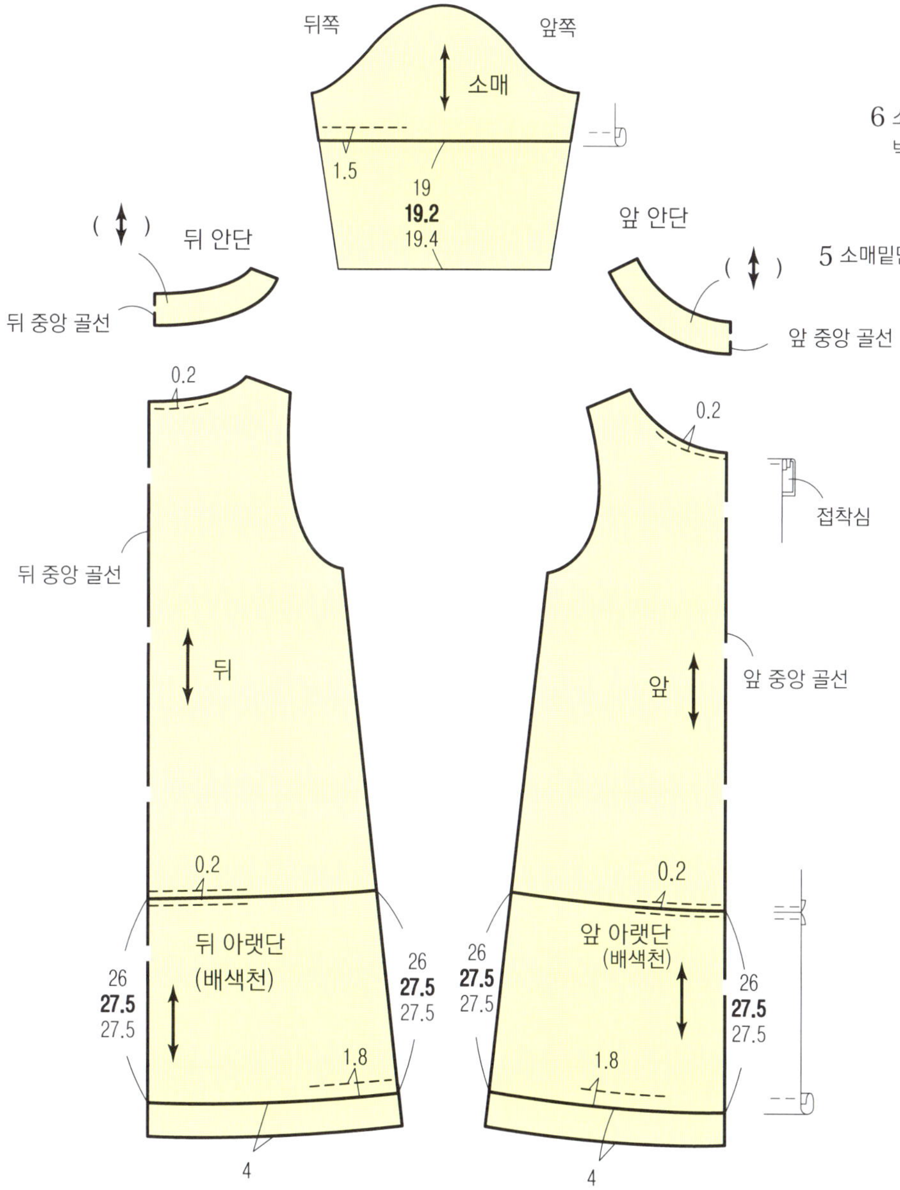

뒤쪽   앞쪽

소매

1.5

19
19.2
19.4

(↕)

뒤 안단

뒤 중앙 골선

앞 안단

(↕)

앞 중앙 골선

접착심

2 어깨를 박는다.   3 네크라인을 박는다.

4 소매를 단다.

6 소맷부리를
박는다.

5 소매밑단 · 옆선을 박는다.

1 몸판과 아랫단 배색천을
박음질해 연결한다.

7 밑단을 박는다.

0.2

뒤 중앙 골선

뒤

0.2

앞

앞 중앙 골선

접착심

0.2
4

뒤 아랫단
(배색천)

26
27.5
27.5

26
27.5
27.5

1.8

4

0.2
4

앞 아랫단
(배색천)

26
27.5
27.5

26
27.5
27.5

1.8

4

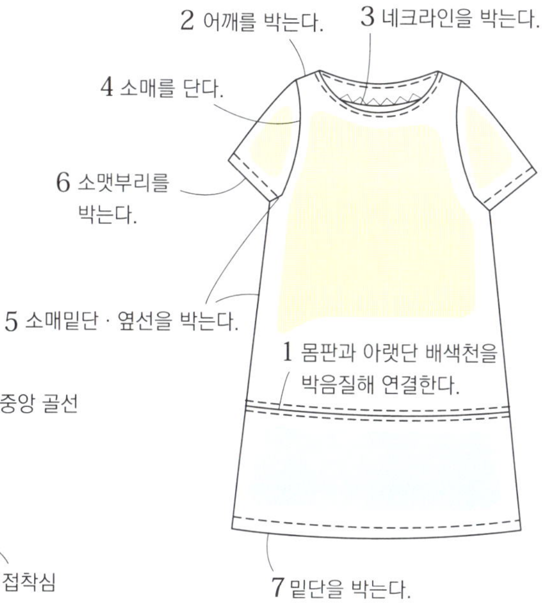

소매

1

2.5

1.5   1.5

앞 안단
(1장)

1

0

뒤 안단
(1장)

1

0

겉면

뒤

1.5   1

1

1.5

1.5

앞

1

1

골선

160
170
170

140cm 폭

= 접착심 붙이는 부분

겉면

뒤 아랫단

1
1.5
3

앞 아랫단

1
1.5
3

골선

70
80
80

140cm 폭

* 박음질을 시작하기 전에
시접을 지그재그로 박는다.
(어깨선, 옆선, 소매밑단, 안단, 위판 밑단, 아랫단 윗부분)

1 몸판과 아랫단 배색천을 박음질해 연결한다.

지그재그로
박는다.

앞
(겉면)

앞 아랫단(안면)

박는다.

앞
(겉면)

①시접을
가른다.

②0.3cm
간격으로 박는다.

앞 아랫단(겉면)

2 어깨를 박는다.

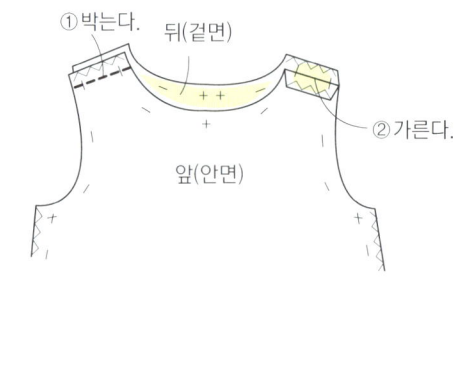

①박는다.   뒤(겉면)

②가른다.

앞(안면)

3 네크라인을 박는다.

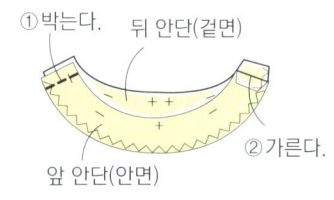

①박는다.   뒤 안단(겉면)

②가른다.

앞 안단(안면)

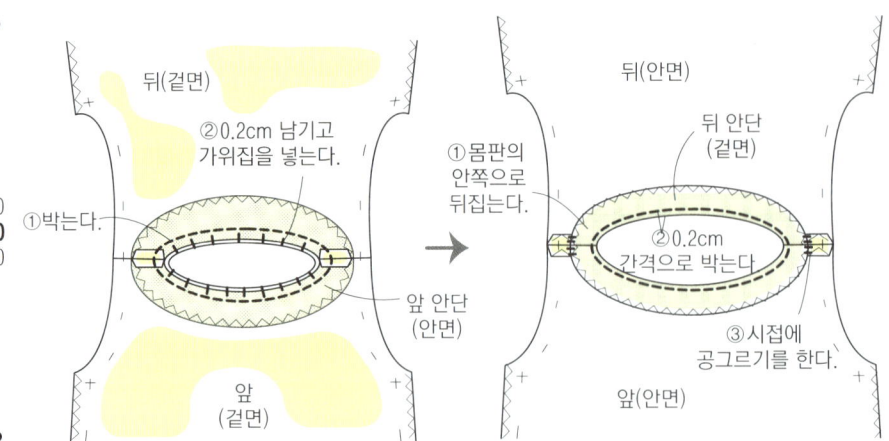

뒤(겉면)

②0.2cm
남기고
가위집을 넣는다.

①박는다.

앞 안단
(안면)

앞
(겉면)

뒤(안면)

①몸판의
안쪽으로
뒤집는다.

뒤 안단
(겉면)

②0.2cm
간격으로 박는다

③시접에
공그르기를 한다.

앞(안면)

26

4 소매를 단다.

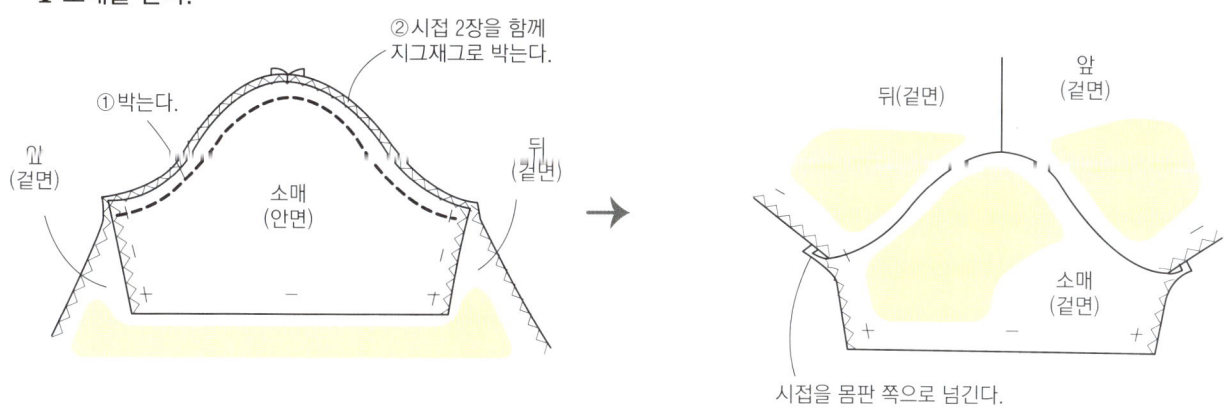

①박는다.
②시접 2장을 함께 지그재그로 박는다.

앞
(겉면)

소매
(안면)

뒤
(겉면)

+ − +

뒤(겉면)   앞
(겉면)

소매
(겉면)

+ − +

시접을 몸판 쪽으로 넘긴다.

5 소매밑단·옆선을 박는다.

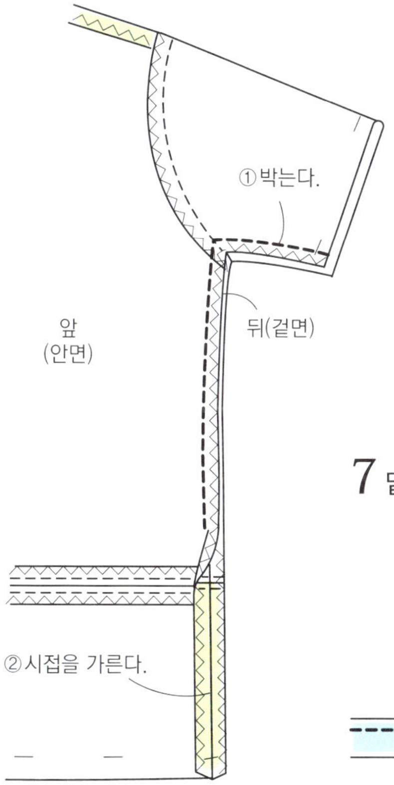

①박는다.

앞
(안면)

뒤(겉면)

②시접을 가른다.

− −

6 소맷부리를 박는다.

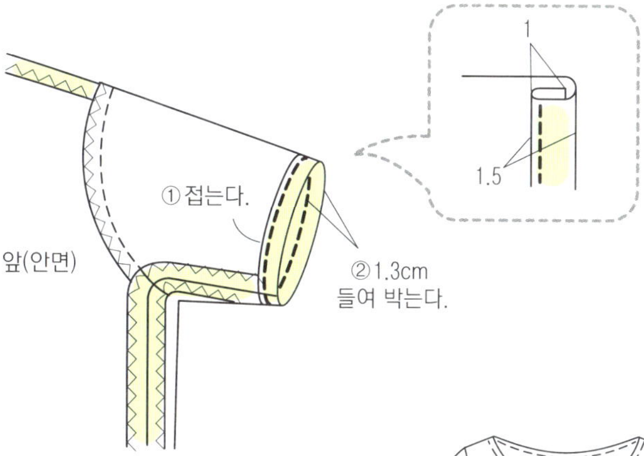

앞(안면)

①접는다.

②1.3cm
들여 박는다.

1

1.5

7 밑단을 박는다.

(안면)

②1.8cm 들여 박는다.

①접는다.

2

1

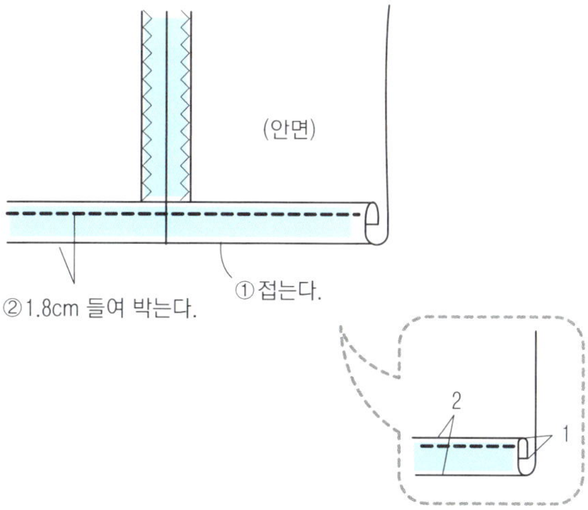

완성

A라인
프렌치 소매 원피스

no. 5 ········

넉넉한 실루엣의 원피스. 양옆을
언밸런스한 길이로 늘어뜨려 더욱
세련되어 보여요. 재즈넵 원단을
사용해 계절에 관계없이 입을 수
있다는 것이 장점.

no.5보다 옷길이와 소매길이를 길게 재단했어요. 촉감이 부드러운 더블거즈 원단을 사용해 활동성이 좋고, 소매를 롤업할 수 있게 디자인해 세련미를 더했어요.

*no.*6

no. 5

재료		S	M	L
겉감(마혼방 재즈넵 원단)	155cm 폭	2m	2m10cm	2m10cm
완성 치수	옷 길이	90cm	93.5cm	94.5cm

*재즈넵(jazznep) : 굵은 번수로 짠 거칠고 성긴 원단. 신사복이나 여성용 팬츠 등의 소재로 사용한다.

*치수 참고하기
숫자가 3개 있는 것은
상 : S 사이즈,
중 : M 사이즈,
하 : L 사이즈이며,
숫자가 1개만 있는 것은 공통

패턴 사용법

- **실물 크기 패턴** : A면 no.6을 사용한다.
- **사용하는 패턴 부위** : 앞, 뒤
- 목둘레 천은 패턴이 없으므로 각자 그리도록 한다.
- **패턴 고치는 방법** : 옷 길이를 짧게 한다.

▨ = no.6 실물 크기 패턴

겉감 재단 배치도

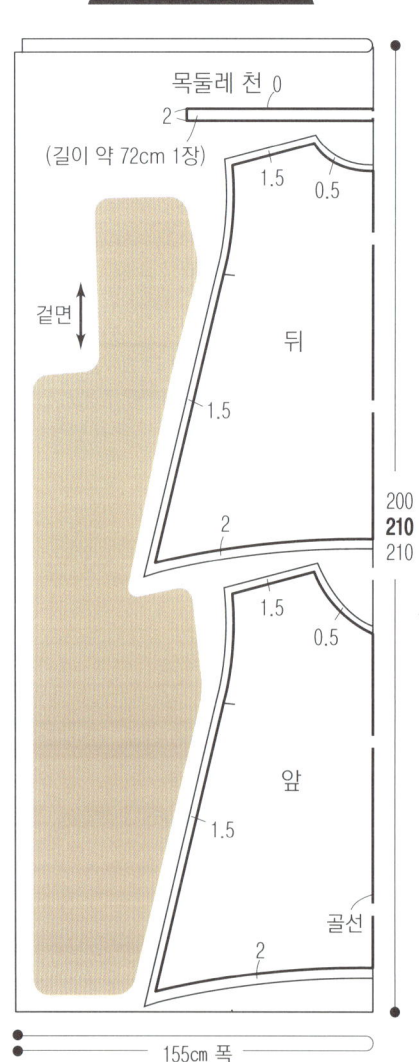

목둘레 천 0
2
(길이 약 72cm 1장)
1.5 0.5
겉면
뒤
1.5
2
200
210
210
1.5
0.5
앞
1.5
골선
2
155cm 폭

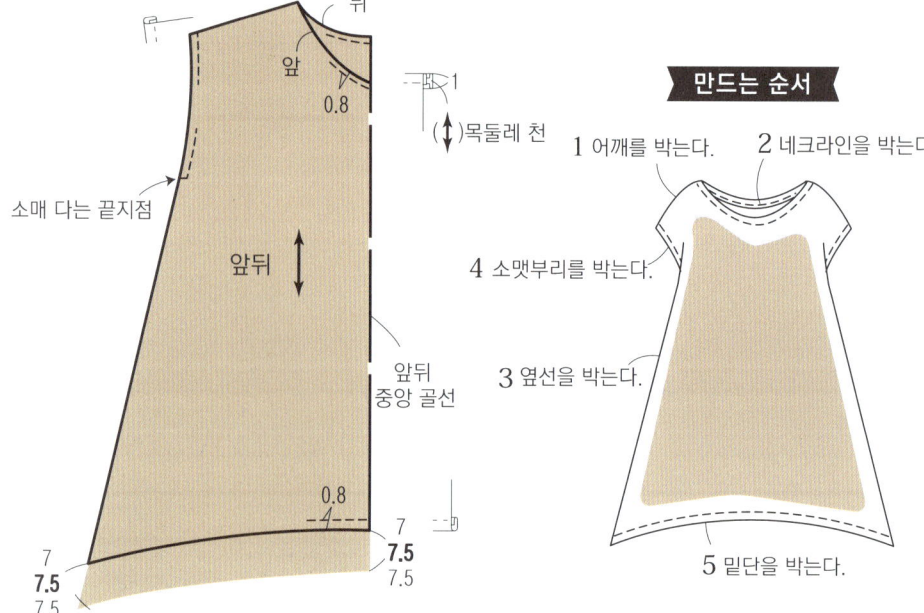

뒤
앞
0.8
1
(↕)목둘레 천
소매 다는 끝지점
앞뒤
앞뒤
중앙 골선
0.8
7 **7.5**
7.5
7
7.5
7.5

만드는 순서

1 어깨를 박는다. 2 네크라인을 박는다.
4 소맷부리를 박는다.
3 옆선을 박는다.
5 밑단을 박는다.

만드는 법

* 박음질을 시작하기 전에
시접을 지그재그로 박는다.
(어깨선, 옆선, 소매마루, 소매밑단)

1 어깨를 박는다.

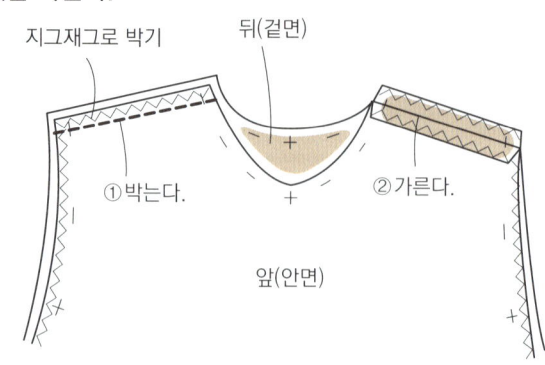

지그재그로 박기   뒤(겉면)
①박는다.   ②가른다.
앞(안면)

30

2 네크라인을 박는다.

1cm 겹치게 한다.

어깨선

남은 부분은 잘라낸다.

②몸판의 시접에서 0.2cm 남기고 가위집을 넣는다.

앞(겉면)

바이어스 감 (안면)

1

①맞춤점과 접은 선을 맞대어 박는다

→

①몸판의 안쪽으로 뒤집는다.

바이어스 감 (겉면)

1

②0.2cm 간격으로 박는다.

3 옆선을 박는다

되돌아박기

박음질 끝지점

①박는다.

뒤(겉면)

앞(겉면)

표시점까지 박는다.

②가른다.

4 소맷부리를 박는다.

②0.8cm 들여 박는다.

0.5

1

(안면)

①접는다.

앞(안면)

5 밑단을 박는다.

(안면)

1.5

표시된 위치에서 접는다.

→

①접는다.

(안면)

1

②0.8cm 들여 박는다.

1

0.5

완성

31

재료		S	M	L
겉감(더블거즈)	110cm 폭	2m80cm	2m90cm	2m90cm
단추	지름 1cm	4개	4개	4개
완성 치수	옷 길이	97cm	101cm	102cm

*치수 참고하기
숫자가 3개 있는 것은
상 : S 사이즈,
중 : M 사이즈,
하 : L 사이즈이며,
숫자가 1개만 있는 것은 공통

*더블거즈(double gauze) : 성긴 거즈 원단을 보완하기 위해 이중으로 짠 거즈 원단. 이중거즈라고도 한다.

패턴 사용법

• **실물 크기 패턴** : A면 no.6을 사용한다.

• **사용하는 패턴 부위** : 앞, 뒤, 소매

• 장식용 벨트 및 바이어스 감은 패턴이 없으므로 각자 그리도록 한다.

겉감 재단 배치도

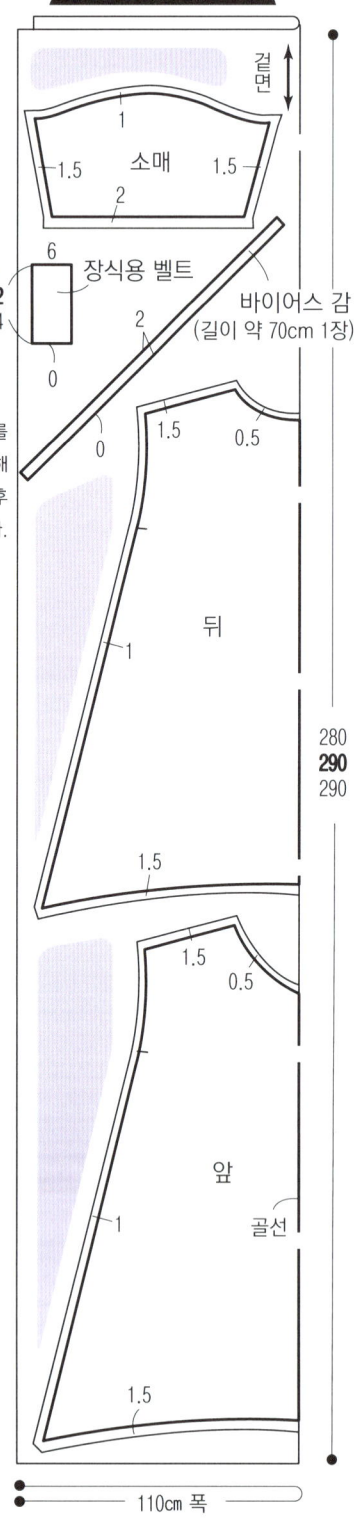

⬜ = no.6의 실물 크기 패턴

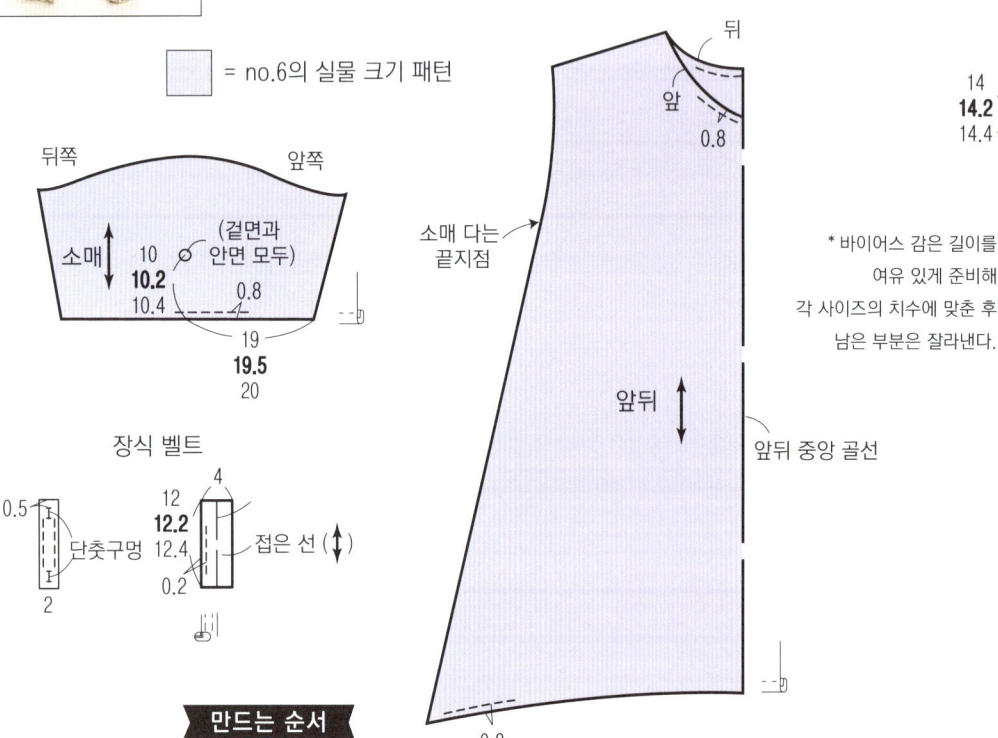

뒤쪽   앞쪽

소매   10
        10.2
        10.4
        (겉면과
        안면 모두)
        0.8
        19
        19.5
        20

장식 벨트

0.5   단춧구멍   12
            12.2
        4   12.4   접은 선
        0.2
        2

소매 다는 끝지점

뒤
앞
0.8

앞뒤

앞뒤 중앙 골선

* 바이어스 감은 길이를
여유 있게 준비해
각 사이즈의 치수에 맞춘 후
남은 부분은 잘라낸다.

0.8

만드는 순서

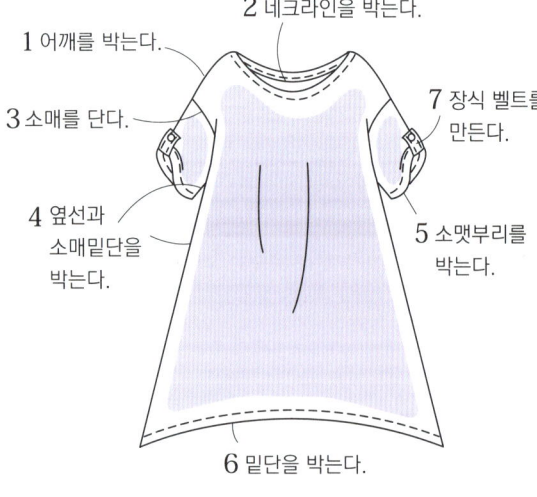

2 네크라인을 박는다.

1 어깨를 박는다.

3 소매를 단다.

4 옆선과
소매밑단을
박는다.

7 장식 벨트를
만든다.

5 소맷부리를
박는다.

6 밑단을 박는다.

만드는 법

* **박음질을 시작하기 전에**
시접을 지그재그로 박는다.
(어깨선, 옆선, 소매마루, 소매밑단)

1 어깨를 박는다.

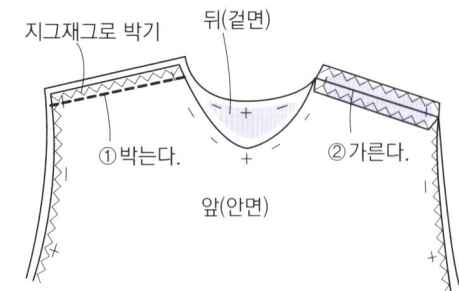

지그재그로 박기   뒤(겉면)
①박는다.   ②가른다.
앞(안면)

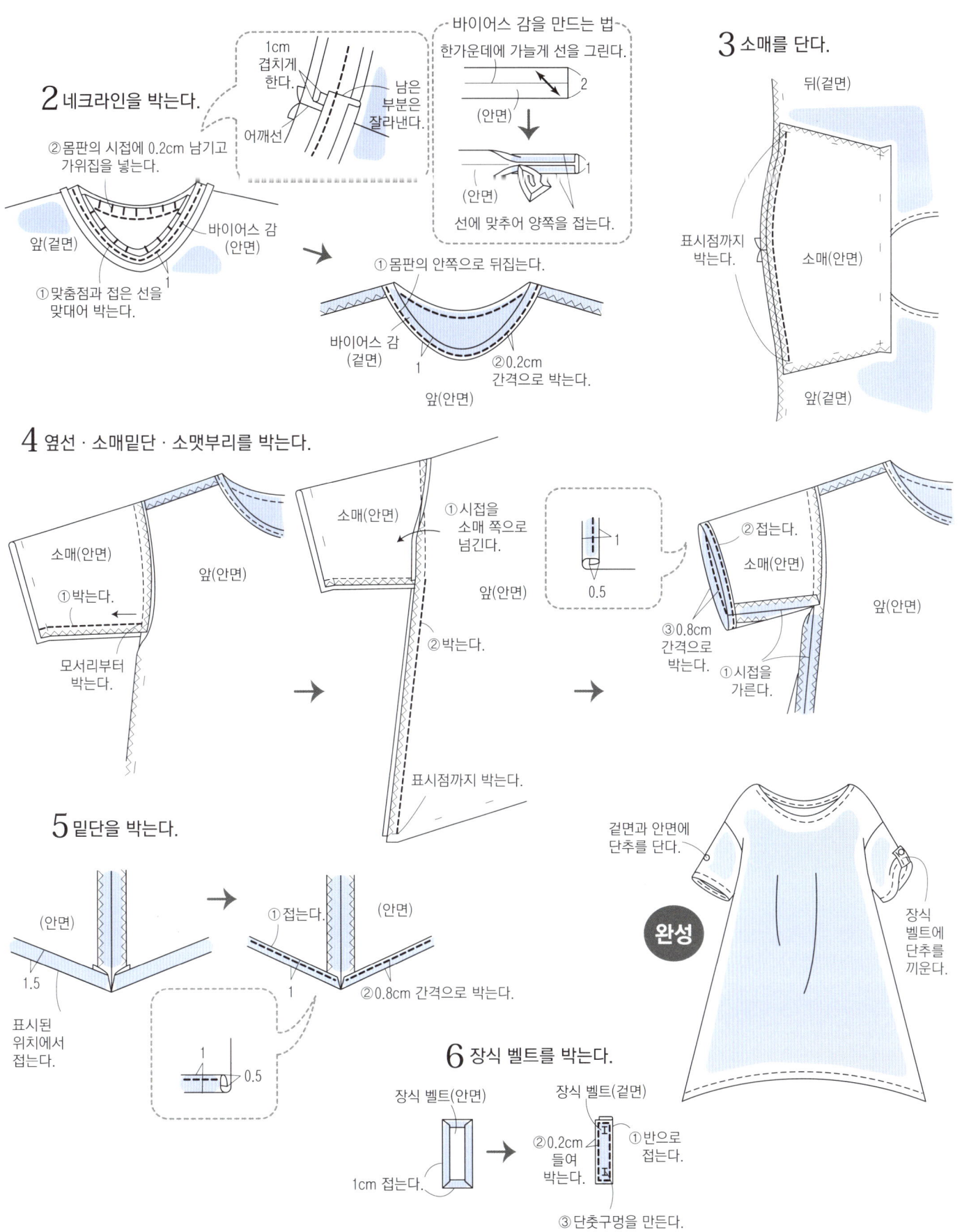

2 네크라인을 박는다.

② 몸판의 시접에 0.2cm 남기고 가위집을 넣는다.

앞(겉면)

바이어스 감 (안면)

① 맞춤점과 접은 선을 맞대어 박는다.

1cm 겹치게 한다.

남은 부분은 잘라낸다.

어깨선

바이어스 감을 만드는 법

한가운데에 가늘게 선을 그린다.

2

(안면)

(안면)

1

선에 맞추어 양쪽을 접는다.

① 몸판의 안쪽으로 뒤집는다.

바이어스 감 (겉면)

1

앞(안면)

②0.2cm 간격으로 박는다.

3 소매를 단다.

뒤(겉면)

표시점까지 박는다.

소매(안면)

앞(겉면)

4 옆선·소매밑단·소맷부리를 박는다.

소매(안면)

앞(안면)

① 박는다.

모서리부터 박는다.

소매(안면)

① 시접을 소매 쪽으로 넘긴다.

앞(안면)

② 박는다.

표시점까지 박는다.

1

0.5

② 접는다.

소매(안면)

③0.8cm 간격으로 박는다.

① 시접을 가른다.

앞(안면)

5 밑단을 박는다.

(안면)

1.5

표시된 위치에서 접는다.

① 접는다.

(안면)

② 0.8cm 간격으로 박는다.

1

0.5

완성

겉면과 안면에 단추를 단다.

장식 벨트에 단추를 끼운다.

6 장식 벨트를 박는다.

장식 벨트(안면)

1cm 접는다.

장식 벨트(겉면)

②0.2cm 들여 박는다.

① 반으로 접는다.

③ 단춧구멍을 만든다.

울 소재
박스 원피스

no. 7 ············

박스 형태의 원피스. 섬세한 니트
원단을 사용해서 입었을 때 부드러
운 느낌이 좋아요. 목 주위에 같은
천으로 만든 스카프를 감으면 외출
복으로도 활용 만점이에요.

원피스 안에 하이넥 셔츠와 청바지를 받쳐 입어 캐주얼하면서 두 스타일이 살아나요 어떻게 코디를 하느냐에 따라 사계절 입을 수 있는 편리한 원피스랍니다.

no.7

재료		S	M	L
겉감(프렌치 리넨)	140cm 폭	2m50cm	2m60cm	2m60cm
완성 치수	옷 길이	90cm	93.5cm	94.5cm

*치수 참고하기
숫자가 3개 있는 것은
상 : S 사이즈,
중 : M 사이즈,
하 : L 사이즈이며,
숫자가 1개만 있는 것은 공통

패턴 사용법

- 실물 크기 패턴 : A면 no.7을 사용한다.
- 사용하는 패턴 부위 : 앞, 뒤
- 목둘레 및 스카프는 패턴이 없으므로 각자 그리도록 한다.

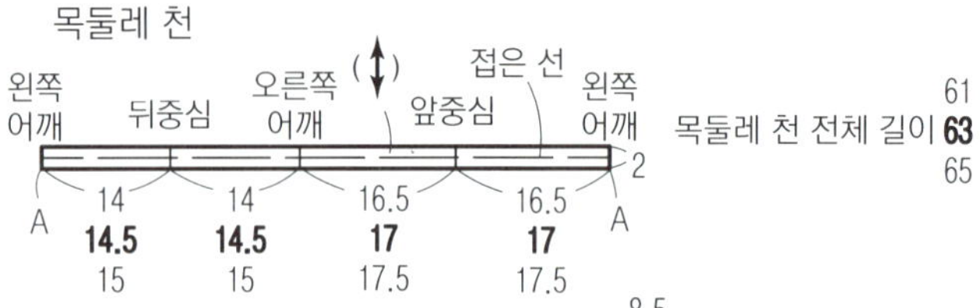

목둘레 천

왼쪽 어깨   뒤중심   오른쪽 어깨   앞중심   접은 선   왼쪽 어깨

목둘레 천 전체 길이
61
63
65

A   14 / **14.5** / 15   14 / **14.5** / 15   16.5 / **17** / 17.5   16.5 / **17** / 17.5   A   2

☐ = no.7의 실물 크기 패턴

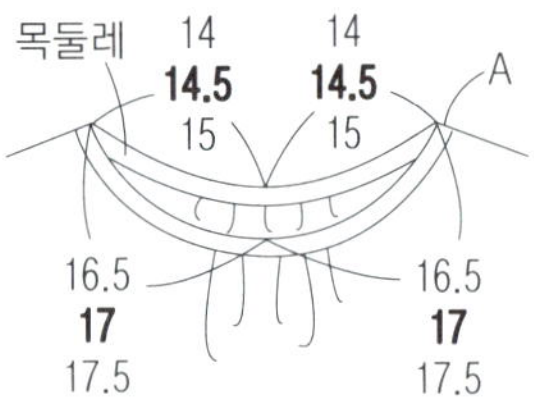

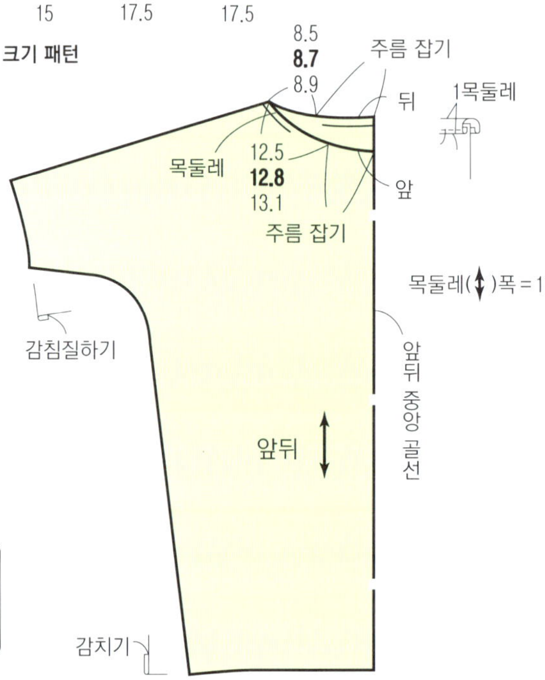

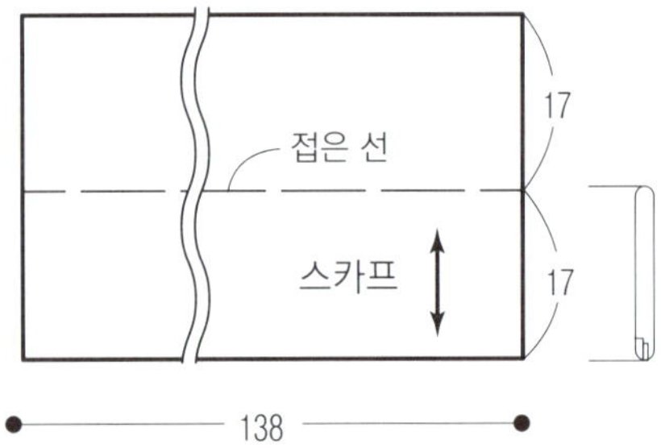

목둘레   14 / **14.5** / 15   14 / **14.5** / 15   A
16.5 / **17** / 17.5   16.5 / **17** / 17.5

8.5 / **8.7** / 8.9
주름 잡기
목둘레
12.5 / **12.8** / 13.1
주름 잡기

뒤
1목둘레
앞

목둘레(↕)폭 = 1

감침질하기

앞뒤

감치기

앞뒤 중앙 골선

접은 선
스카프
17
17
138

겉감 재단 배치도

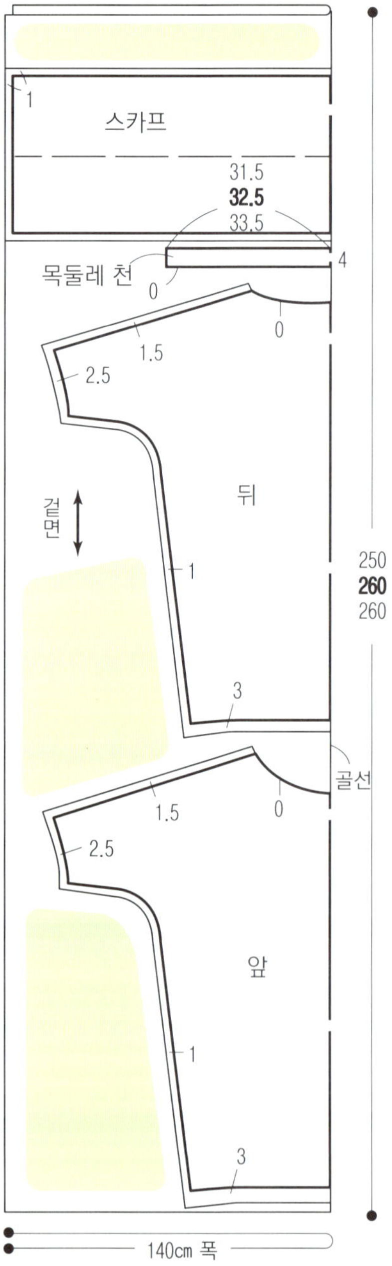

스카프
31.5 / **32.5** / 33.5
1
4

목둘레 천
0   0
1.5
2.5

겉면
뒤
1
3
골선

1.5   0
2.5

앞
1

3

250 / **260** / 260

140cm 폭

만드는 순서

3 네크라인을 박는다.

1 어깨를 박는다.

2 주름을 잡는다.

4 옆선 · 소매밑단을 박는다.

5 소맷부리선 · 밑단을 감침질한다.

6 스카프를 만든다.

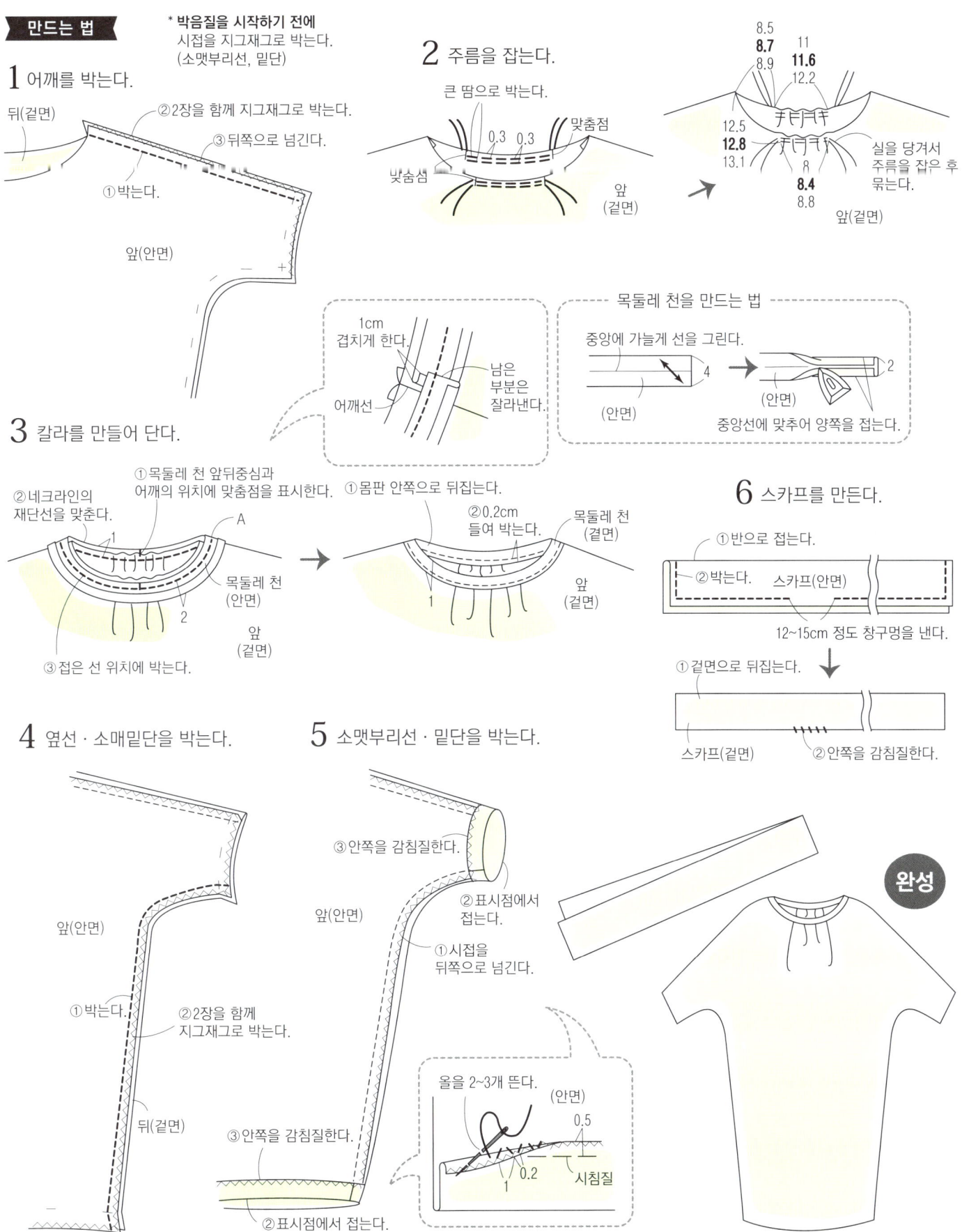

만드는 법

* 박음질을 시작하기 전에
시접을 지그재그로 박는다.
(소맷부리선, 밑단)

1 어깨를 박는다.

뒤(겉면)

②2장을 함께 지그재그로 박는다.
③뒤쪽으로 넘긴다.
①박는다.
앞(안면)

2 주름을 잡는다.

큰 땀으로 박는다.
0.3 0.3
맞춤점
낮숨섬
앞(겉면)

8.5
8.7   11
8.9   11.6
12.2
12.5
12.8
13.1   8
8.4
8.8
앞(겉면)

실을 당겨서
주름을 잡은 후
묶는다.

1cm
겹치게 한다.
남은
부분은
잘라낸다.
어깨선

목둘레 천을 만드는 법

중앙에 가늘게 선을 그린다.
4
(안면)
(안면)   2
중앙선에 맞추어 양쪽을 접는다.

3 칼라를 만들어 단다.

②네크라인의
재단선을 맞춘다.
①목둘레 천 앞뒤중심과
어깨의 위치에 맞춤점을 표시한다.
A
1
2
목둘레 천
(안면)
앞
(겉면)
③접은 선 위치에 박는다.

①몸판 안쪽으로 뒤집는다.
②0.2cm
들여 박는다.
목둘레 천
(겉면)
1
앞
(겉면)

6 스카프를 만든다.

①반으로 접는다.
②박는다.   스카프(안면)
12~15cm 정도 창구멍을 낸다.

①겉면으로 뒤집는다.
스카프(겉면)
②안쪽을 감침질한다.

4 옆선 · 소매밑단을 박는다.

앞(안면)
①박는다.
②2장을 함께
지그재그로 박는다.
뒤(겉면)
③안쪽을 감침질한다.

5 소맷부리선 · 밑단을 박는다.

③안쪽을 감침질한다.
②표시점에서
접는다.
①시접을
뒤쪽으로 넘긴다.
앞(안면)
②표시점에서 접는다.

올을 2~3개 뜬다.
(안면)
0.5
0.2
1
시침질

완성

프렌치 소매
박스 원피스 A

🌿 가운데 주름형

no. 8 ⋯⋯⋯⋯

물방울 무늬가 깜찍한 느낌을 주
는 연한 색상의 데님 원피스. 허리
앞부분에 고무줄을 넣는 것만으로
도 심플한 실루엣에 부드러운 느낌
을 줄 수 있어요.

프렌치 소매
박스 원피스 B

 수녀니영

*no.*9

푸른색 줄무늬의 니트 원단이 시
원한 느낌을 주는 원피스. 패턴은
no.8과 같아요. 큼직한 패치 주머니
가 실용적인 편안한 스타일의 원피
스랍니다.

no.8

재료		S	M	L
겉감(덩거리 천)	108cm 폭	2m30cm	2m40cm	2m40cm
고무테이프	1cm 폭	18cm	19cm	20cm
완성 치수	옷 길이	90cm	93.5cm	94.5cm

*덩거리(dungaree) : 얇은 데님의 일종. 씨실에 염색실을 사용해서 직물을 짠다.

*치수 참고하기
숫자가 3개 있는 것은
상 : S 사이즈,
중 : M 사이즈,
하 : L 사이즈이며,
숫자가 1개만 있는 것은 공통

패턴 사용법

- **실물 크기 패턴** : A면 no.10을 사용한다.
- **사용하는 패턴 부위** : 앞뒤
- 안단이나 바이어스 감은 패턴이 없으므로 각자 그리도록 한다.

= no.10의 실물 크기 패턴

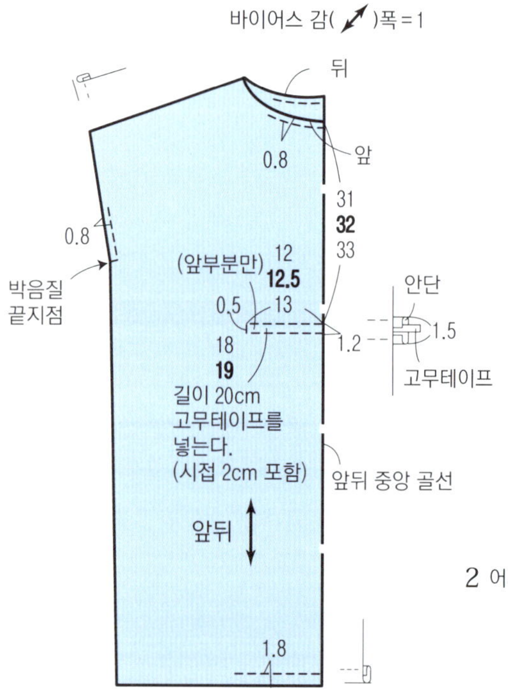

바이어스 감(✏)폭 = 1

뒤
앞
0.8
0.8
박음질
끝지점
31
32
33
(앞부분만) 12
12.5
13
0.5
18
19
1.2
길이 20cm
고무테이프를
넣는다.
(시접 2cm 포함)
앞뒤 중앙 골선
앞뒤
안단
1.5
고무테이프
1.8

만드는 순서

2 어깨를 박는다.
3 네크라인을 박는다.
5 소맷부리를 박는다.
1 안단을 만든다.
4 옆선을 박는다.
6 밑단을 박는다.

겉감 재단 배치도

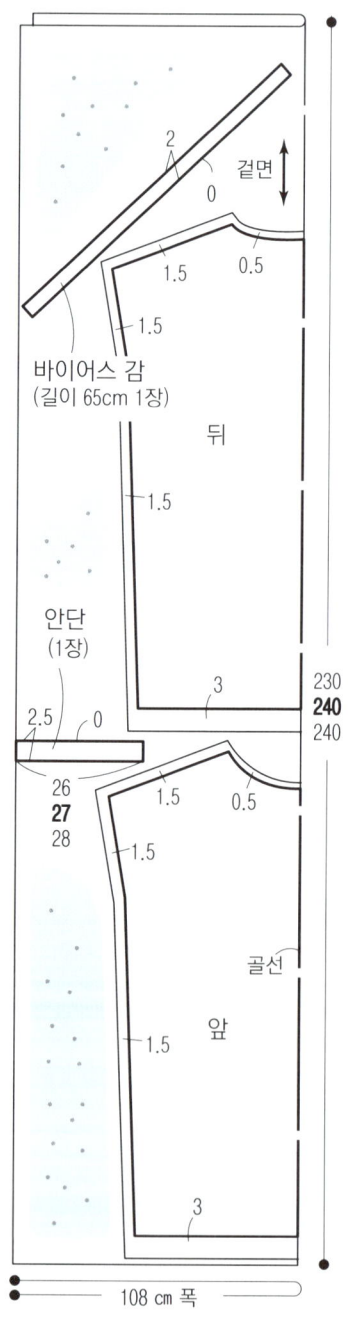

겉면
2
0
1.5
0.5
1.5
바이어스 감
(길이 65cm 1장)
뒤
1.5
안단
(1장)
3
2.5
0
26
27
28
1.5
0.5
1.5
앞
골선
1.5
3
230
240
240

* 바이어스 감은
길이를 여유 있게 준비해
각 사이즈의 치수에 맞춘 후
남은 부분은 잘라낸다.

108 cm 폭

* 박음질하기 전에
시접을 지그재그로 박아 처리한다.
(어깨선, 옆선)

1 안단을 박는다.

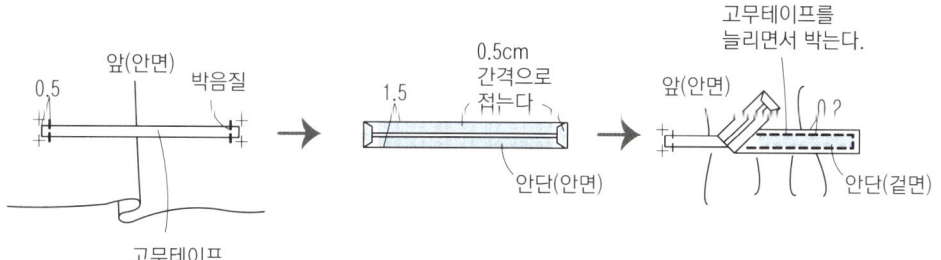

앞(안면) 박음질 0.5 0.5cm 간격으로 접는다 1.5 안단(안면) 고무테이프를 늘리면서 박는다. 앞(안면) 0.2 안단(겉면) 고무테이프

2 어깨선을 박는다.

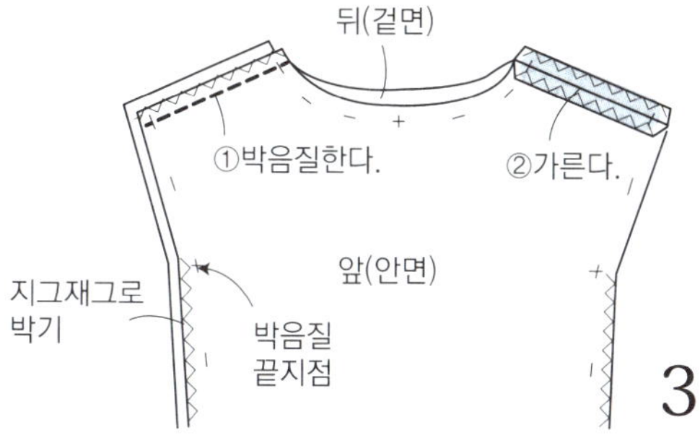

뒤(겉면) ①박음질한다. ②가른다. 지그재그로 박기 박음질 끝지점 앞(안면)

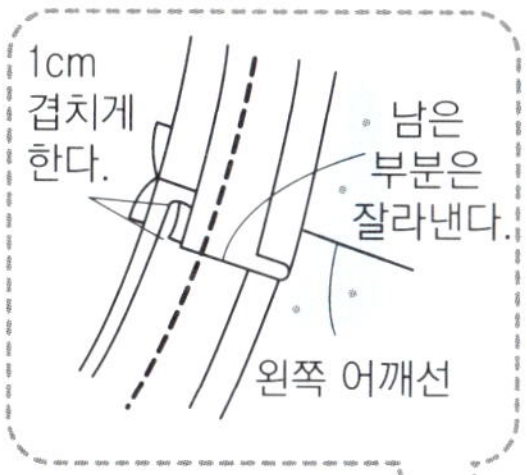

1cm 겹치게 한다. 남은 부분은 잘라낸다. 왼쪽 어깨선

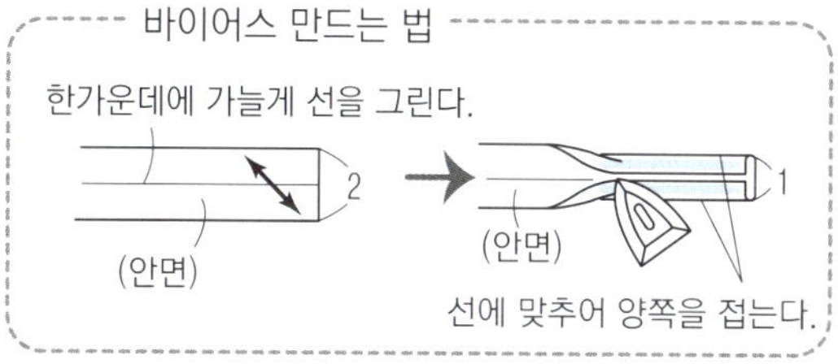

바이어스 만드는 법
한가운데에 가늘게 선을 그린다.
2 (안면) (안면) 1 선에 맞추어 양쪽을 접는다.

3 네크라인을 박는다.

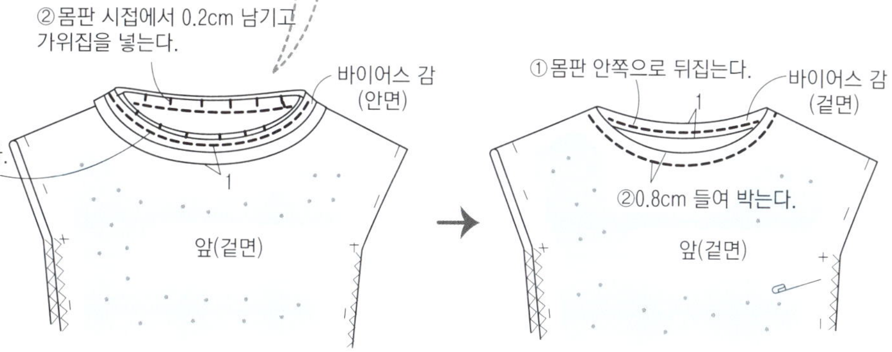

②몸판 시접에서 0.2cm 남기고 가위집을 넣는다.

①맞춤점과 접은 선을 맞추어 박는다. 바이어스 감 (안면) 1 앞(겉면)

①몸판 안쪽으로 뒤집는다. 1 바이어스 감 (겉면) ②0.8cm 들여 박는다. 앞(겉면)

4 옆선을 박는다.

뒤(겉면) 앞(안면) 박음질 끝지점 ②시접을 가른다. ①박음질한다.

5 소맷부리를 박는다.

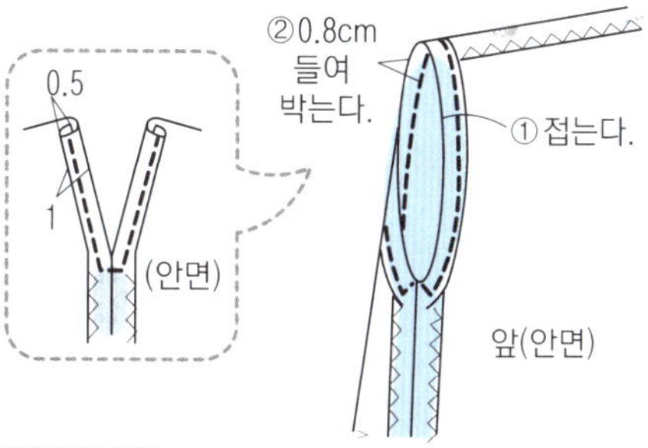

0.5 1 (안면) ②0.8cm 들여 박는다. ①접는다. 앞(안면)

6 밑단을 박는다.

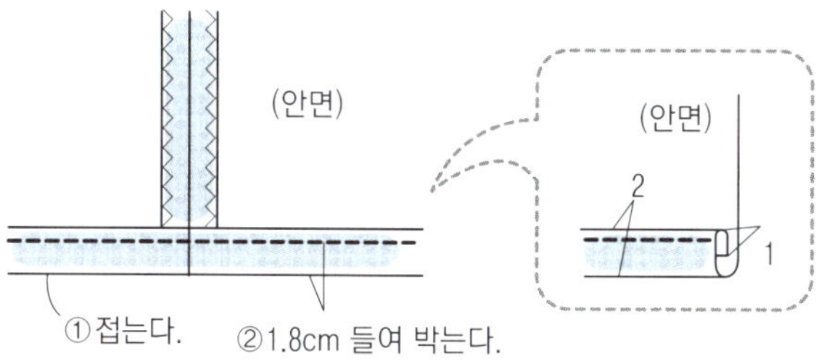

(안면) (안면) 2 1 ①접는다. ②1.8cm 들여 박는다.

완성

재료		S	M	L
겉감(보더 니트 원단)	165cm 폭	1m10cm	1m20cm	1m20cm
완성 치수	옷 길이	90cm	93.5cm	94.5cm

*보더(border) : 프린트의 무늬를 경계에 배합했다는 뜻에서 불리는 명칭으로,
줄무늬와 같은 것을 보더 무늬라고 한다.

*치수 참고하기
숫자가 3개 있는 것은
상 : S 사이즈,
중 : M 사이즈,
하 : L 사이즈이며,
숫자가 1개만 있는 것은 공통

패턴 사용법

- **실물 크기 패턴** : A면 no.10을 사용한다.
- **사용하는 패턴 부위** : 앞, 뒤
- 주머니 패턴은 없으므로 각자 그리도록 한다.

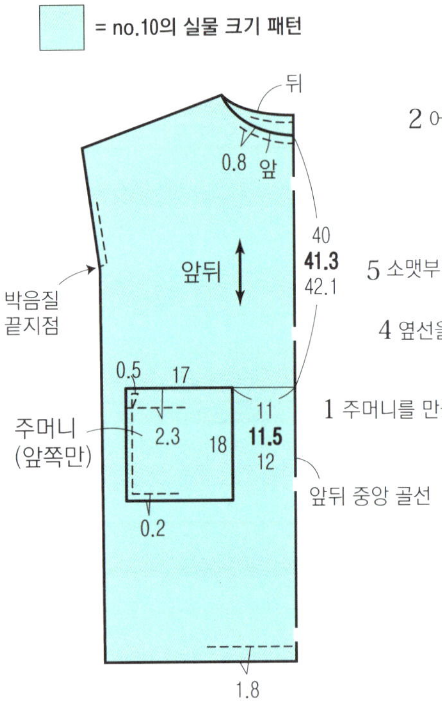

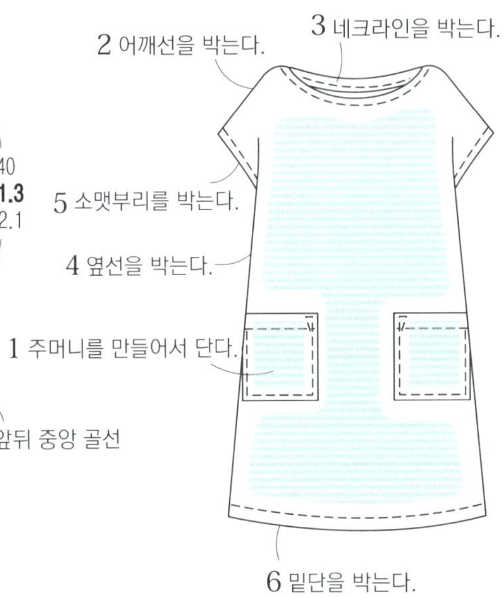

겉감 재단 배치도

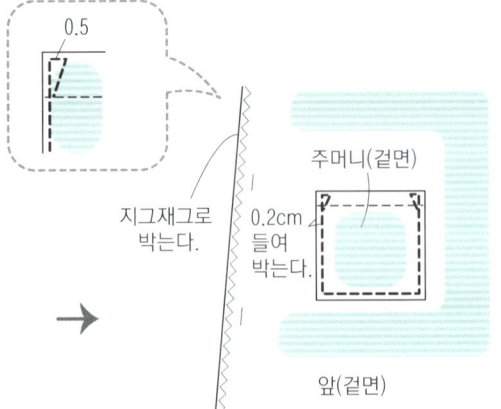

= no.10의 실물 크기 패턴

만드는 순서

3 네크라인을 박는다.
2 어깨선을 박는다.
5 소맷부리를 박는다.
4 옆선을 박는다.
1 주머니를 만들어서 단다.
6 밑단을 박는다.

뒤
0.8 앞
박음질 끝지점
앞뒤
40
41.3
42.1
0.5 17
주머니
(앞쪽만)
2.3
11
11.5
12
18
0.2
앞뒤 중앙 골선
1.8

원단을 재단한다.
3.5 주머니
1
네크라인 안단
(길이 65cm 1장)
0
2
0.5 1.5
1.5
0.5
1.5
1.5
뒤
1.5
앞
1.5
골선
3
골선
3
110
120
120
165cm 폭

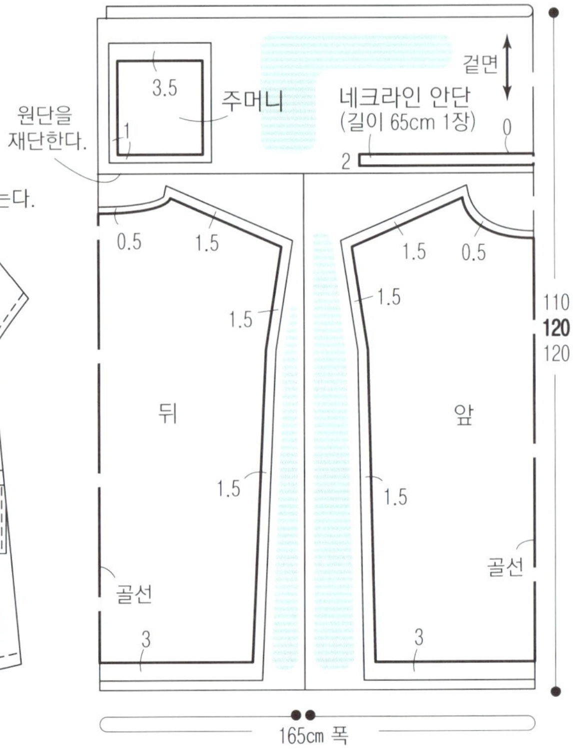

만드는 법

* **박음질을 시작하기 전에**
시접을 지그재그로 박는다.(어깨선, 옆선)

1 주머니를 만들어서 단다.

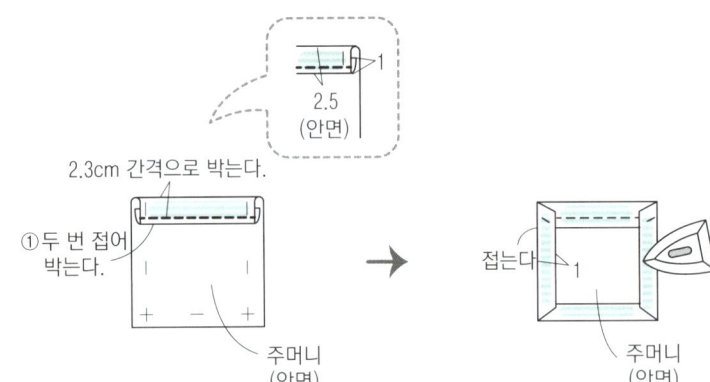

1
2.5
(안면)
0.5
2.3cm 간격으로 박는다.
①두 번 접어 박는다.
주머니
(안면)
접는다
1
주머니
(안면)
지그재그로 박는다.
주머니(겉면)
0.2cm 들여 박는다.
앞(겉면)

2 어깨선을 박는다.

뒤(겉면)
①박음질한다.
②가른다.
앞(안면)
지그재그로 박기
박음질 끝지점

1cm 겹치게 민니.
남은 부분은 잘라낸다.
왼쪽 어깨선

바이어스 만드는 법
한가운데에 가늘게 선을 그린다.
(안면) 2
(안면) 1
선에 맞추어 양쪽을 접는다.

3 네크라인을 박는다.

②몸판 시접에서 0.2cm 남기고 가위집을 넣는다.
①맞춤점과 접은 선을 맞추어 박는다.
바이어스 감 (안면)
앞(겉면)
1

①몸판 안쪽으로 뒤집는다.
바이어스 감 (겉면)
1
②0.8cm 들여 박는다.
앞(겉면)

4 옆선을 박는다.

뒤(겉면)
앞(안면)
박음질 끝지점
②시접을 가른다.
①박음질한다.

5 소맷부리를 박는다.

0.5
1
(안면)
②0.8cm 들여 박는다.
①접는다.
앞(안면)

6 밑단을 박는다.

(안면)
(안면)
2
1
①접는다.
②1.8cm 들여 박는다.

완성

프렌치 소매
리본 벨트 원피스

no.10 ·············

직선 재단한 박스형의 원피스에 리
본테이프를 통과시켜서 허리 사이
즈를 조절할 수 있게 했어요. 앞에
서 묶은 리본이 사랑스럽고 세련된
분위기를 연출한답니다.

프렌치 소매
허리 주름 원피스

no. 11

기본형의 캐주얼 원피스. no.10의 리본 벨트 원피스 디자인과 기본 형태는 같지만 길이가 조금 길고 허리둘레에 같은 원단으로 만든 리본을 사용해 좀 더 심플하게 만들었어요.

no.10

재료		S	M	L
겉감(부처리넨 · 폴리에스테르 혼방)	110cm 폭	2m30cm	2m40cm	2m40cm
안감(폴리에스테르 : 안단 B부분)	40cm 폭	10cm	10cm	10cm
그로그램 리본 천 3.8cm 폭	3.8cm 폭	1m30cm	1m34cm	1m40cm
완성 치수	옷 길이	90cm	93.5cm	94.5cm

*치수 참고하기
숫자가 3개 있는 것은
상 : S 사이즈,
중 : M 사이즈,
하 : L 사이즈이며,
숫자가 1개만 있는 것은 공통

*그로그램(grosgrain) : 올이 촘촘하고 뚜렷한 가로 골이 있는 천으로, 팽팽하고 튼튼해서 넥타이, 벨트, 모자 등에 사용된다.

패턴 사용법

- **실물 크기 패턴** : A면 no.10을 사용한다.
- **사용하는 패턴 부위** : 앞뒤
- 안단이나 바이어스 감은 패턴이 없으므로 각자 그리도록 한다.

겉감 재단 배치도

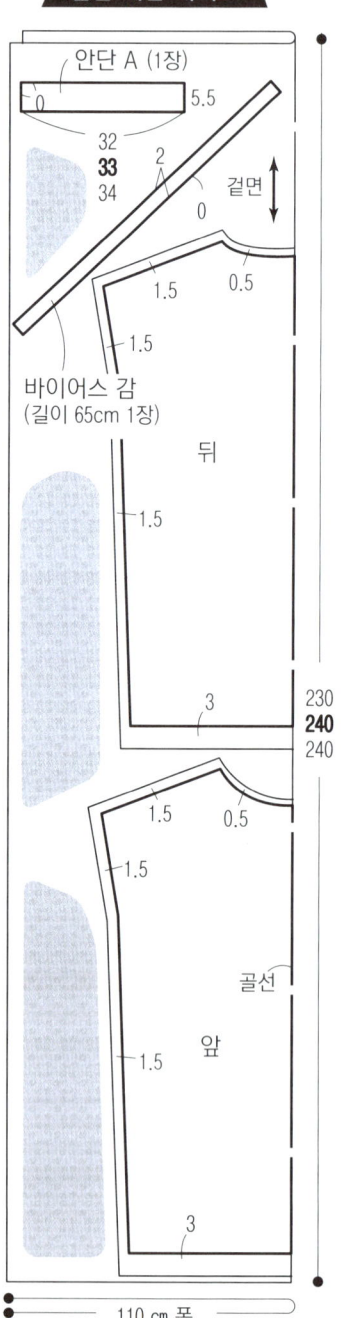

안단 A (1장)
5.5
32
33
34
2
겉면
0

* 바이어스 감은
길이를 여유 있게 준비해
각 사이즈의 치수에 맞춘 후
남은 부분은 잘라낸다.

1.5
0.5
1.5
바이어스 감
(길이 65cm 1장)
뒤
1.5
3
230
240
240
1.5
0.5
1.5
골선
앞
1.5
3
110 cm 폭

= no.10의 실물 크기 패턴

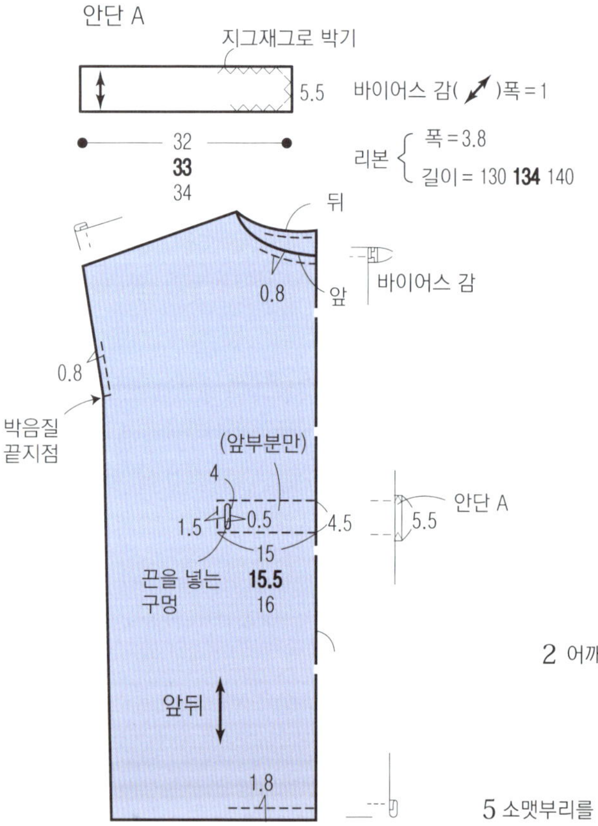

안단 A

지그재그로 박기
5.5
32
33
34

바이어스 감(➚)폭 = 1

리본 { 폭 = 3.8
길이 = 130 **134** 140

뒤
0.8
앞
바이어스 감

0.8

박음질
끝지점

(앞부분만)
4
1.5 0.5 4.5
15
5.5
안단 A

끈을 넣는   **15.5**
구멍   16

앞뒤

1.8

만드는 순서

2 어깨를 박는다.   3 네크라인을 박는다.

5 소맷부리를 박는다.

1 안단을 만든다.

4 옆선을 박는다.

6 밑단을 박는다.

만드는 법

* **박음질하기 전에**
시접을 지그재그로 박아 처리한다.
(어깨선, 옆선 · 안단 A)

1 안단을 박는다.

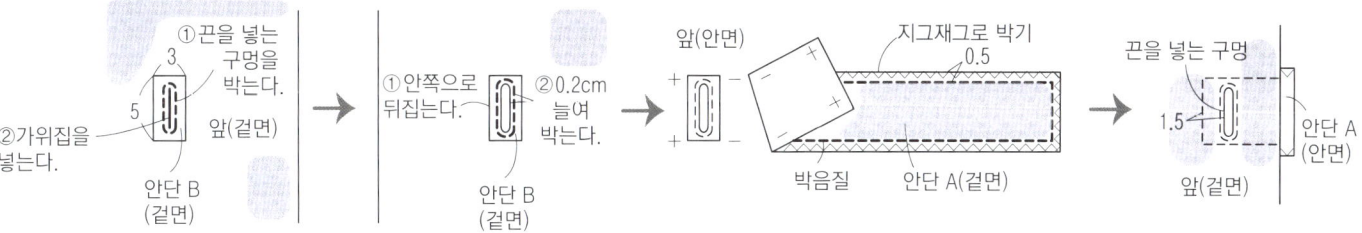

②가위집을 넣는다.
①끈을 넣는 구멍을 박는다.
앞(겉면)
3
5
안단 B (겉면)

①안쪽으로 뒤집는다.
②0.2cm 늘여 박는다.
안단 B (겉면)

앞(안면)
지그재그로 박기 0.5
박음질
안단 A(겉면)

끈을 넣는 구멍
1.5
앞(겉면)
안단 A (안면)

2 어깨선을 박는다.

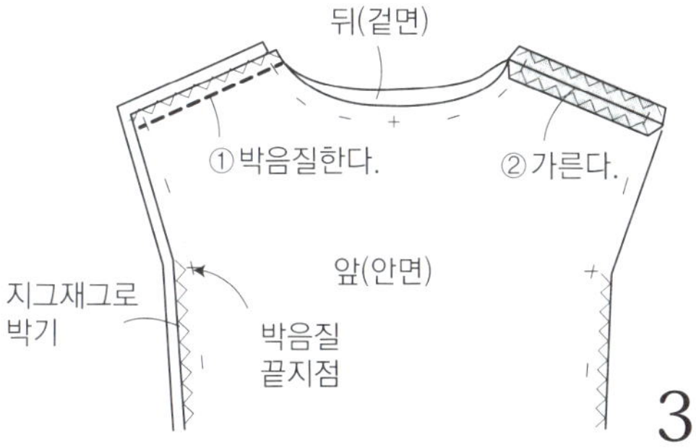

뒤(겉면)
①박음질한다.
②가른다.
지그재그로 박기
앞(안면)
박음질 끝지점

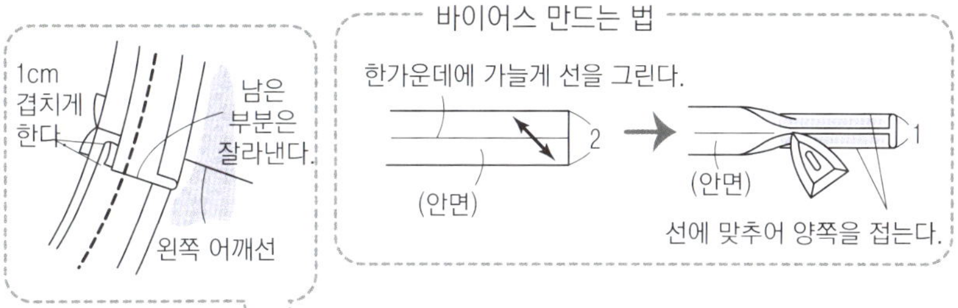

1cm 겹치게 한다.
남은 부분은 잘라낸다.
왼쪽 어깨선

바이어스 만드는 법

한가운데에 가늘게 선을 그린다.
(안면)
2
(안면)
1
선에 맞추어 양쪽을 접는다.

3 네크라인을 박는다.

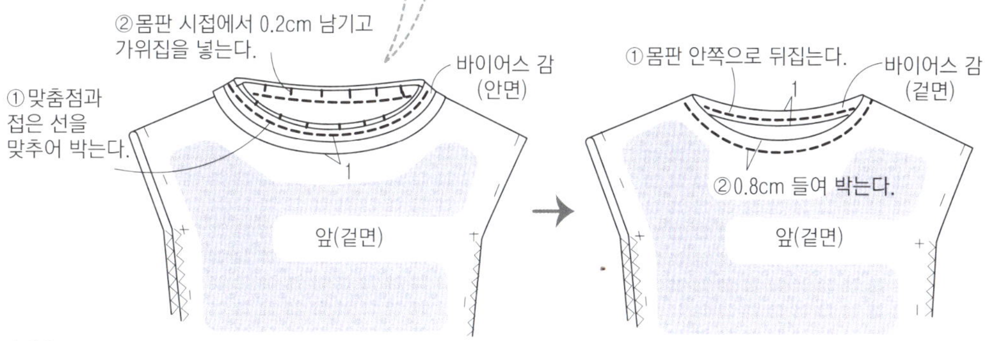

②몸판 시접에서 0.2cm 남기고 가위집을 넣는다.
①맞춤점과 접은 선을 맞추어 박는다.
바이어스 감 (안면)
1
앞(겉면)

①몸판 안쪽으로 뒤집는다.
바이어스 감 (겉면)
1
②0.8cm 들여 박는다.
앞(겉면)

4 옆선을 박는다.

뒤(겉면)
앞(안면)
박음질 끝지점
②시접을 가른다.
①박음질한다.

5 소맷부리를 박는다.

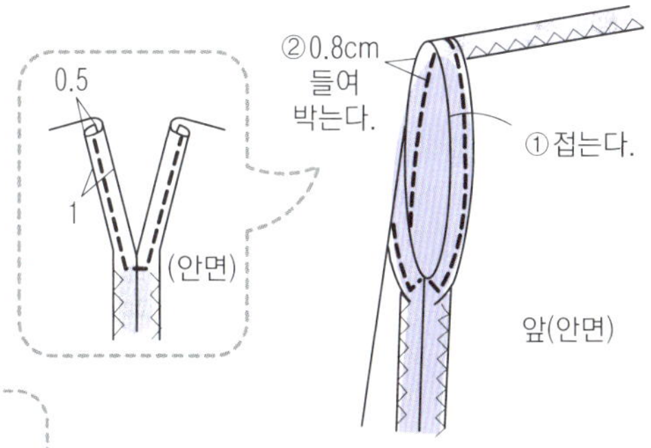

0.5
1
(안면)

②0.8cm 들여 박는다.
①접는다.
앞(안면)

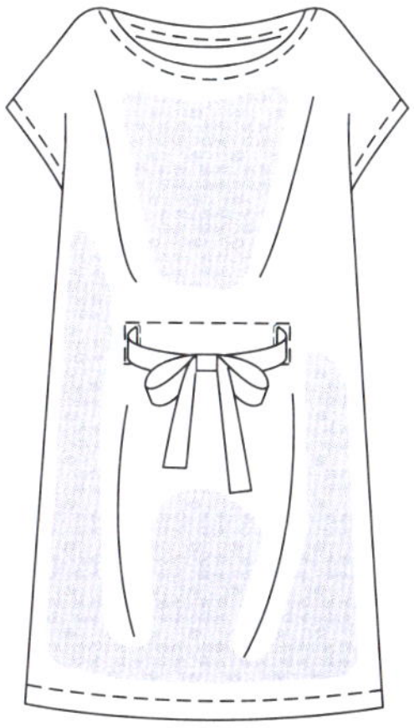

6 밑단을 박는다.

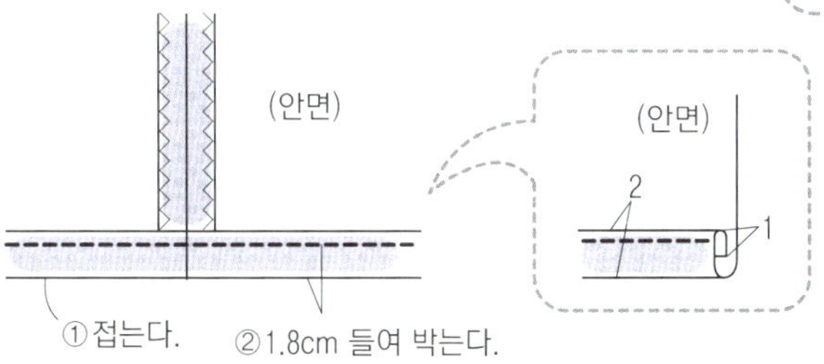

(안면)
①접는다.
②1.8cm 들여 박는다.

(안면)
2
1

완성

47

no.11

재료		S	M	L
겉감(면 나염 천)	104cm 폭	2m60cm	2m70cm	2m70cm
완성 치수	옷 길이	97cm	101cm	102cm

*치수 참고하기
숫자가 3개 있는 것은
상 : S 사이즈,
중 : M 사이즈,
하 : L 사이즈이며,
숫자가 1개만 있는 것은 공통

패턴 사용법

- **실물 크기 패턴** : A면 no.10을 사용한다.
- **사용하는 패턴 부위** : 앞, 뒤
- 끈, 안단, 바이어스 감은 패턴이 없으므로 각자 그리도록 한다.
- **패턴 고치기** : 옷 길이를 길게 해서 허리부분 안쪽에 허리단을 박은 후 끈을 넣는다.

겉감 재단 배치도

안단
4.5
0   약38
바이어스 감
(길이 약 70cm 1장)
0
겉면
2
1.5   0.5
1.5
뒤
1.5
260
270
270
3
4
끈
0
골선
1.5   0.5
1.5
132
134
136
앞
1.5
3
104cm 폭

= no.10의 실물 크기 패턴

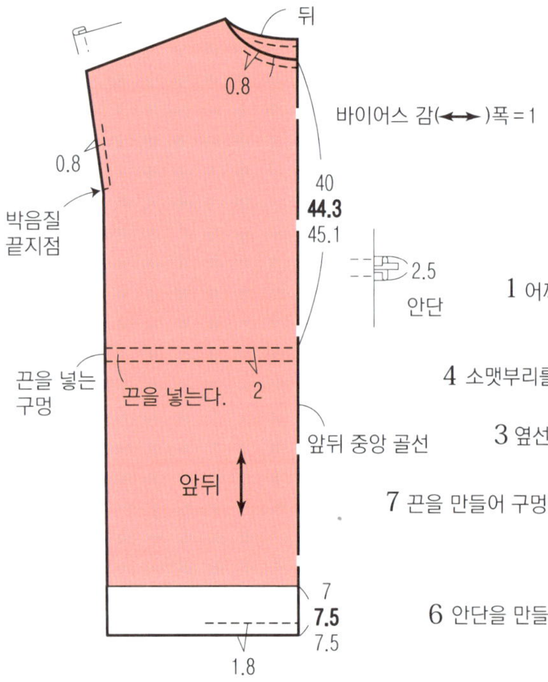

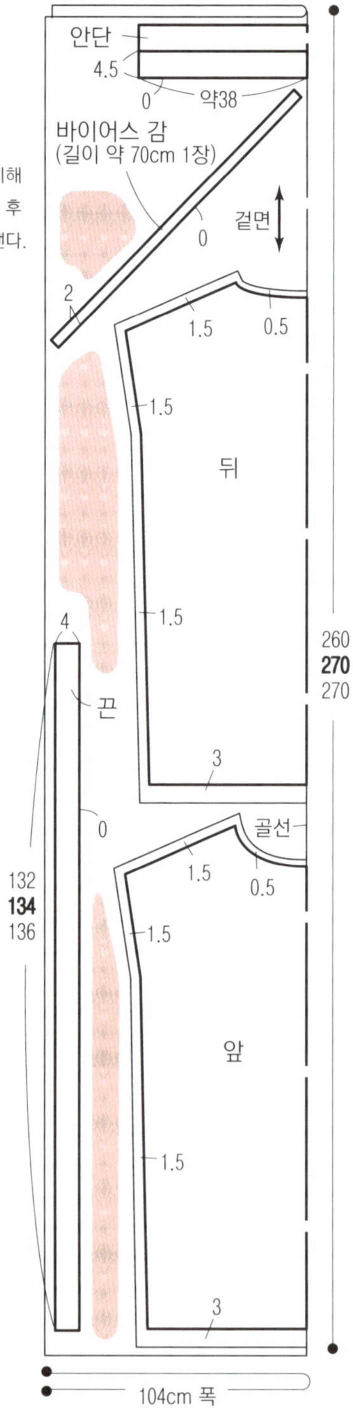

* 바이어스 감은 여유 있게 준비해
각 사이즈의 치수에 맞춘 후
남은 부분은 잘라낸다.

뒤
0.8
0.8
바이어스 감(↔)폭 = 1
40
44.3
45.1
2.5
안단
박음질
끝지점
끈을 넣는
구멍
끈을 넣는다.
2
앞뒤 중앙 골선
앞뒤
7
7.5
7.5
1.8

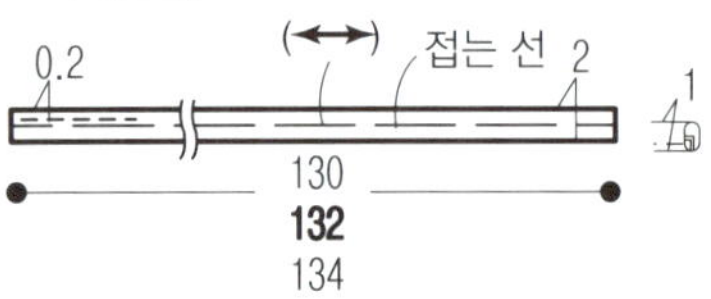

만드는 순서

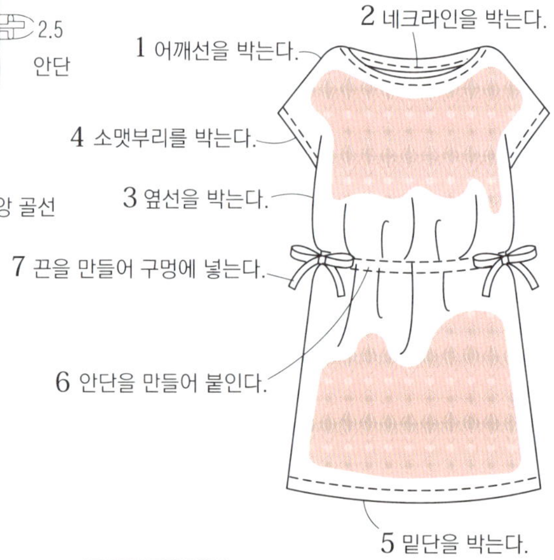

2 네크라인을 박는다.
1 어깨선을 박는다.
4 소맷부리를 박는다.
3 옆선을 박는다.
7 끈을 만들어 구멍에 넣는다.
6 안단을 만들어 붙인다.
5 밑단을 박는다.

끈(2개)
0.2   접는 선   2   1
130
132
134

만드는 법

1 어깨선을 박는다.

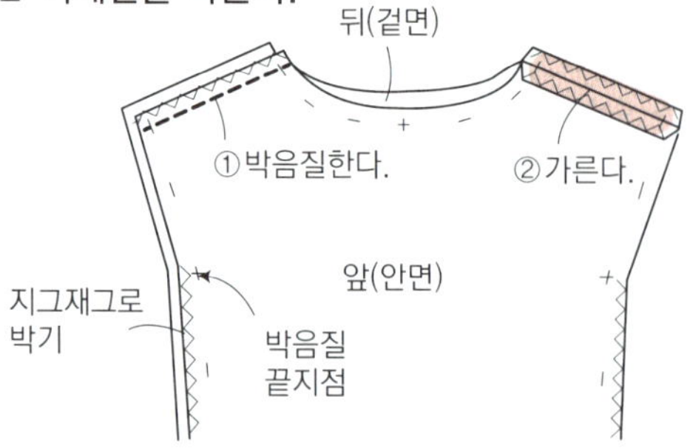

뒤(겉면)
①박음질한다.   ②가른다.
앞(안면)
지그재그로
박기
박음질
끝지점

* 박음질하기 전에
시접을 지그재그로 박아 처리한다.
(어깨선, 옆선 · 안단 A)

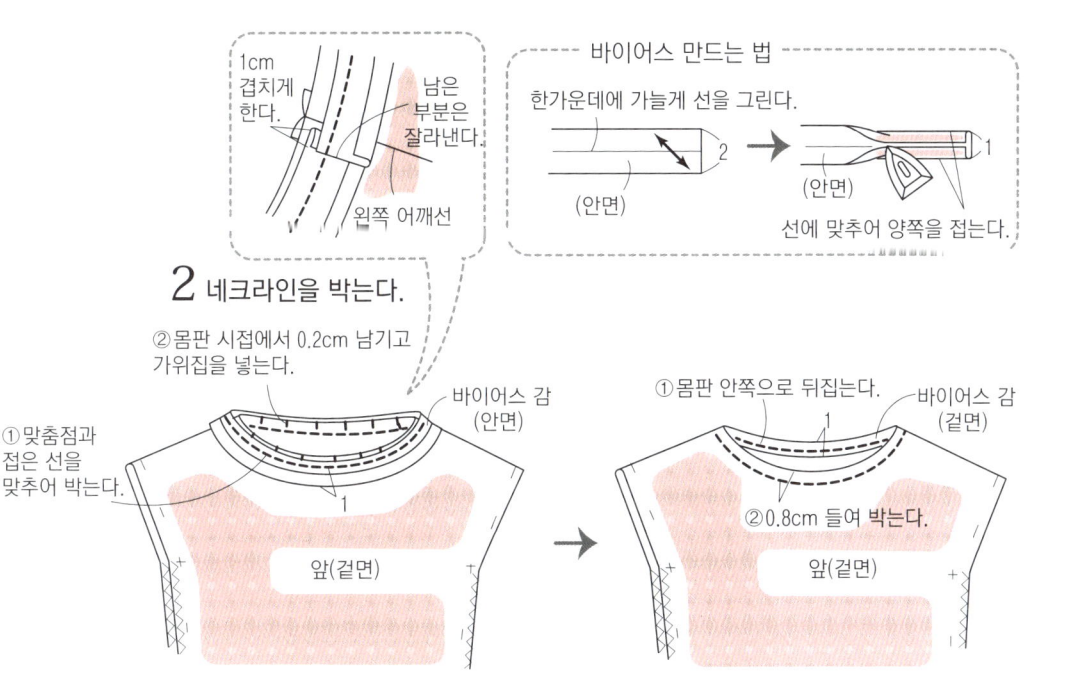

1cm 겹치게 한다.

남은 부분은 잘라낸다.

왼쪽 어깨선

바이어스 만드는 법

한가운데에 가늘게 선을 그린다.

(안면) 2

→

(안면) 1

선에 맞추어 양쪽을 접는다.

2 네크라인을 박는다.

②몸판 시접에서 0.2cm 남기고 가위집을 넣는다.

①맞춤점과 접은 선을 맞추어 박는다.

바이어스 감 (안면)

앞(겉면)

1

①몸판 안쪽으로 뒤집는다.

바이어스 감 (겉면)

②0.8cm 들여 박는다.

앞(겉면)

3 옆선을 박는다.

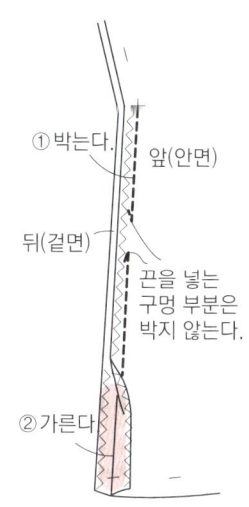

①박는다.

앞(안면)

뒤(겉면)

끈을 넣는 구멍 부분은 박지 않는다.

②가른다.

4 소맷부리를 박는다.

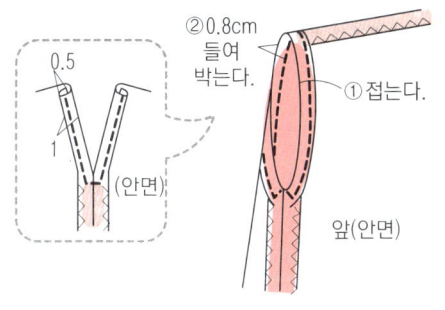

0.5

1

(안면)

②0.8cm 들여 박는다.

①접는다.

앞(안면)

5 밑단을 박는다.

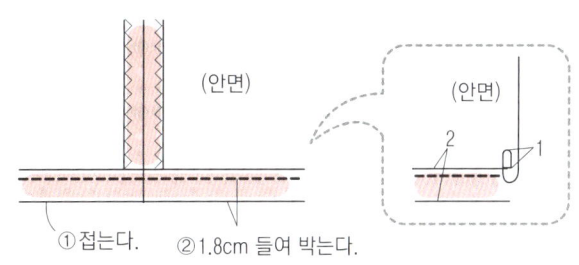

(안면)

①접는다.

②1.8cm 들여 박는다.

(안면)

2

1

6 안단을 만들어서 붙인다.

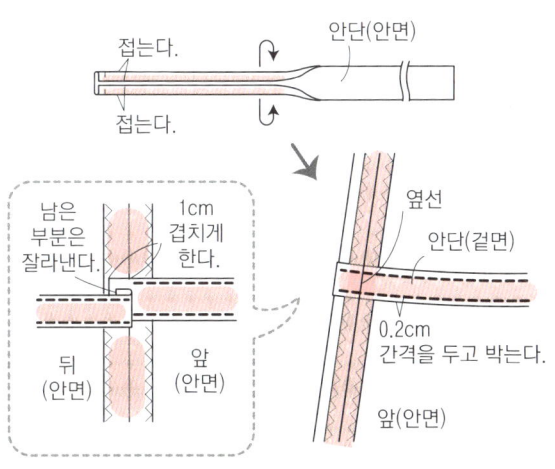

접는다.

안단(안면)

접는다.

남은 부분은 잘라낸다.

1cm 겹치게 한다.

옆선

안단(겉면)

0.2cm 간격을 두고 박는다.

뒤 (안면)

앞 (안면)

앞(안면)

7 끈을 만들어 구멍에 넣는다.

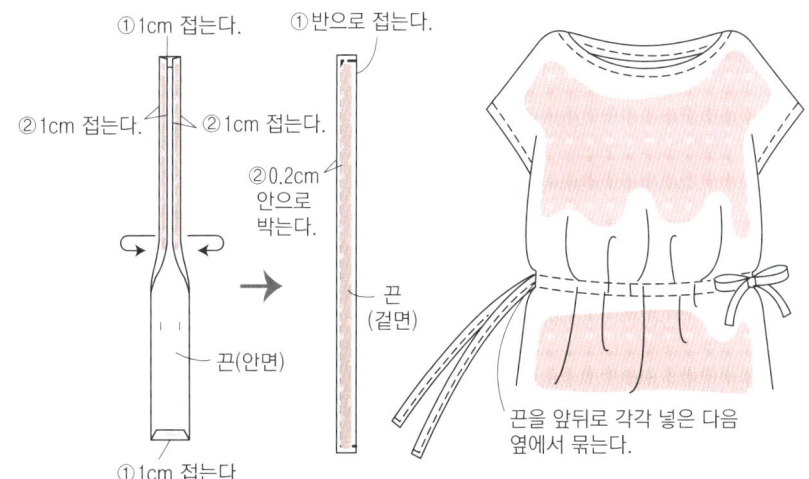

①1cm 접는다.

①반으로 접는다.

②1cm 접는다.

②1cm 접는다.

②0.2cm 안으로 박는다.

끈(안면)

끈 (겉면)

①1cm 접는다.

끈을 앞뒤로 각각 넣은 다음 옆에서 묶는다.

리본 칼라
항아리 원피스 A

🌿 앞 리본형

no. 12

도트와 같은 색상으로 만든 보 칼
라가 사랑스러운 분위기를 연출하
는 원피스. 여성스럽고 세련된 옷
차림으로 외출하고 싶을 때 어울리
는 원피스랍니다.

소매를 달 필요가
없는 돌먼 슬리브는
만들기 쉬울 뿐만 아니라
세련된 분위기가 나요.

리본 칼라
항아리 원피스 B

앞 리본형

no. *13*

옆에서 묶은 보 칼라가 엘레강스한 느낌을 주는 원피스. no.12의 앞 리본형과 달리 같은 천으로 만든 보 칼라를 옆에서 묶어 성숙한 분위기가 나요.

재료		S	M	L
겉감(면 · 레이온 혼방 론)	110cm 폭	2m60cm	2m70cm	2m70cm
배색천(스판 새틴 원단)	145cm 폭	20cm	20cm	20cm
완성 치수	옷 길이	90cm	93.5cm	94.5cm

*론(lawn) : 코마 면사를 사용해서 약간 거칠게 짠 엷은 평직으로, 촉감이 부드럽다.

*치수 참고하기
숫자가 3개 있는 것은
상 : S 사이즈,
중 : M 사이즈,
하 : L 사이즈이며,
숫자가 1개만 있는 것은 공통

패턴 사용법

- **실물 크기 패턴** : A면 no.7을 사용한다.
- **사용하는 패턴 부위** : 앞, 뒤
- 안단과 칼라는 패턴이 없으므로 각자 그리도록 한다.
- **패턴 고치는 방법** : 앞의 네크라인을 내린다.

겉감 재단 배치도

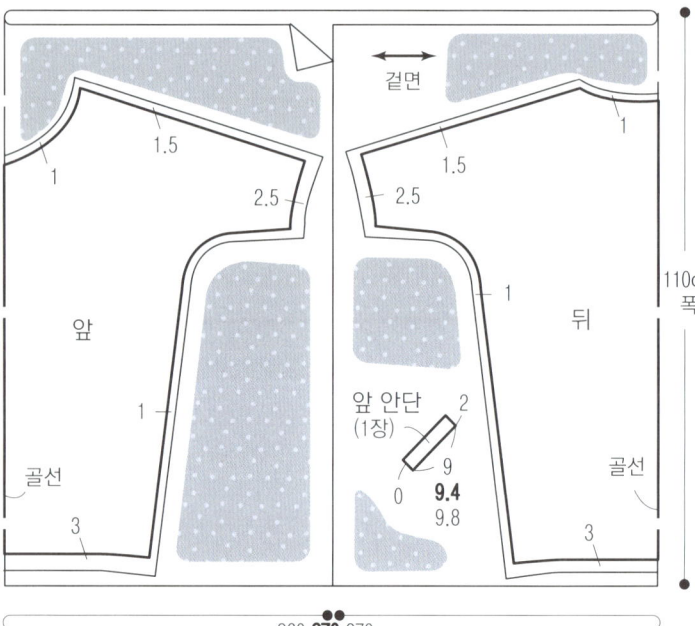

배색천 재단 배치도

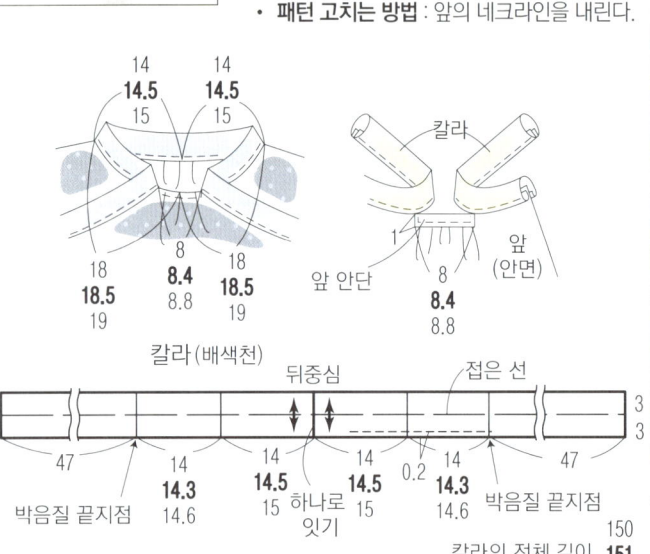

칼라 (배색천)

만드는 순서

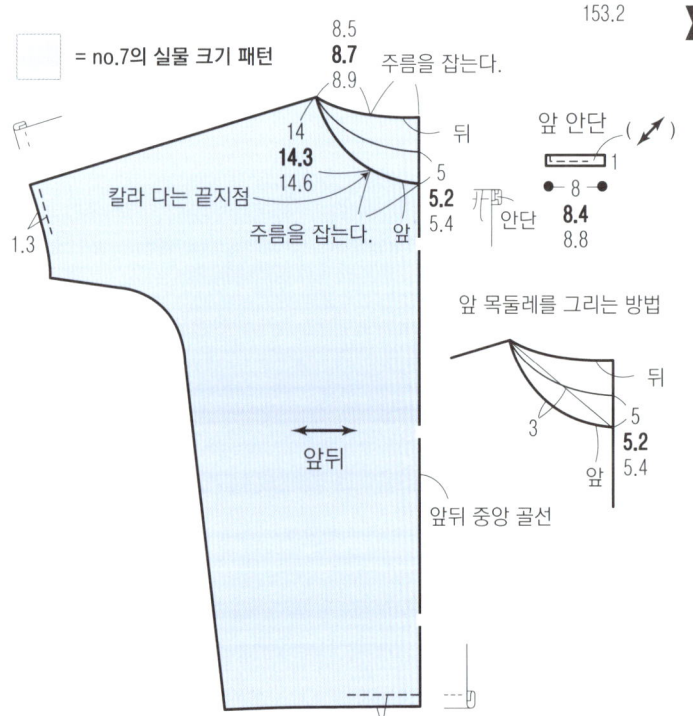

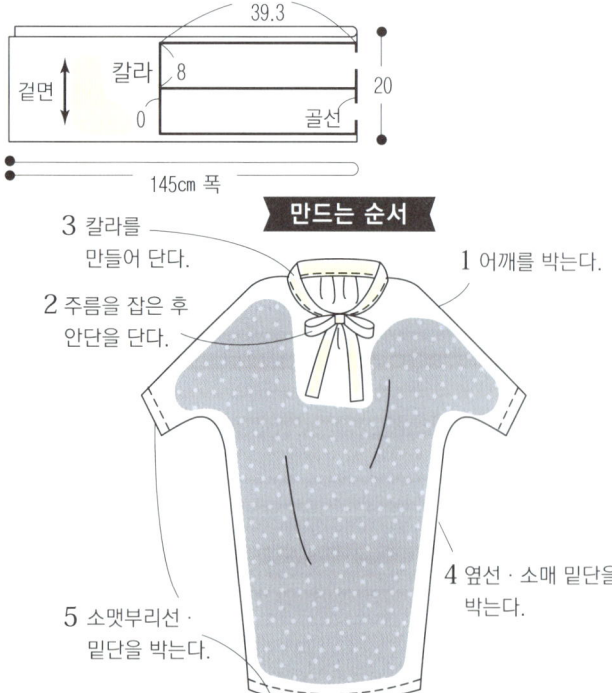

3 칼라를 만들어 단다.

2 주름을 잡은 후 안단을 단다.

1 어깨를 박는다.

4 옆선 · 소매 밑단을 박는다.

5 소맷부리선 · 밑단을 박는다.

앞 목둘레를 그리는 방법

= no.7의 실물 크기 패턴

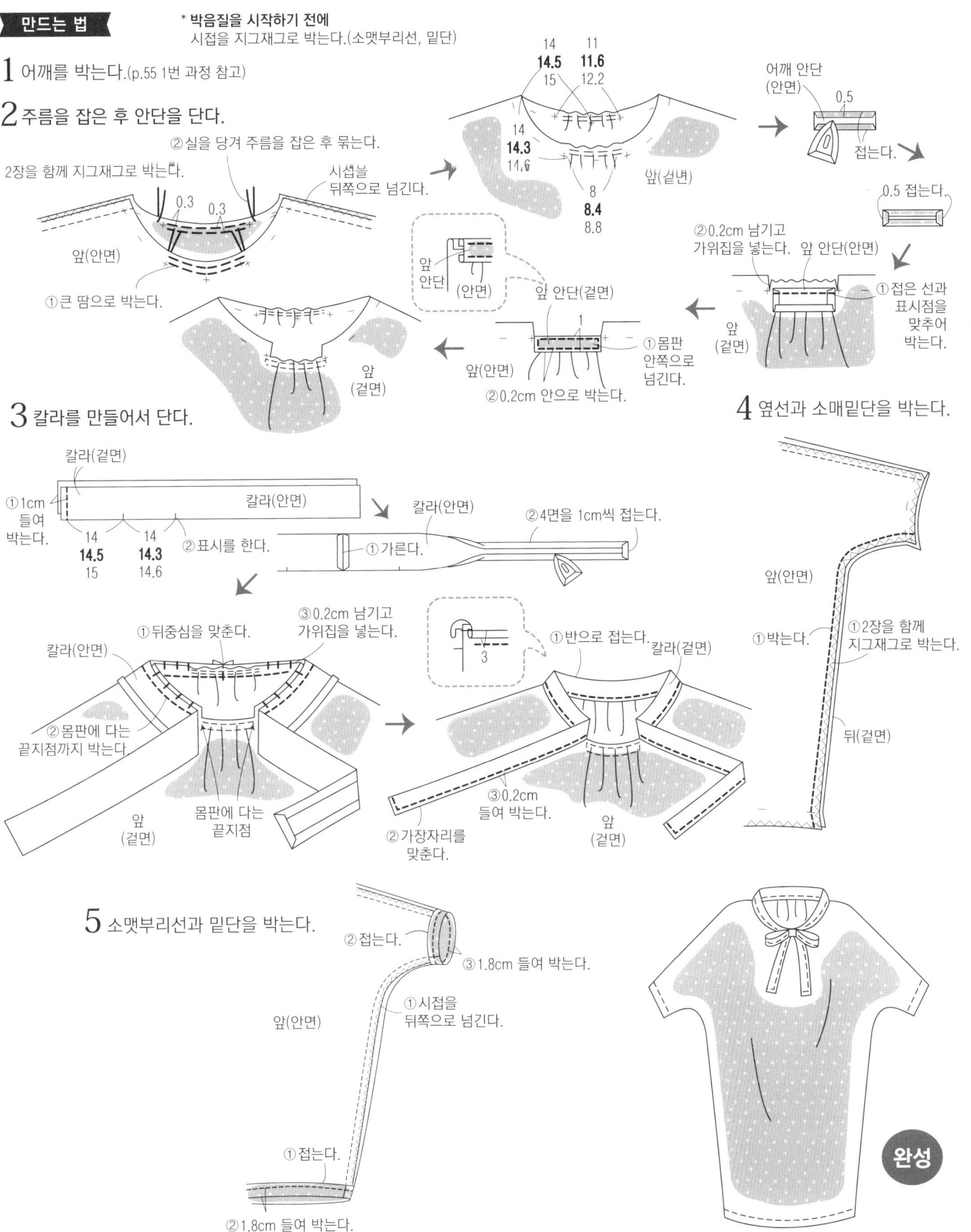

재료		S	M	L
겉감(스판 레이온 능직)	143cm 폭	2m	2m10cm	2m10cm
접착심	112cm 폭	10cm	10cm	10cm
완성 치수	옷 길이	90cm	93.5cm	94.5cm

*치수 참고하기
숫자가 3개 있는 것은
상 : S 사이즈,
중 : M 사이즈,
하 : L 사이즈이며,
숫자가 1개만 있는 것은 공통

패턴 사용법

- **실물 크기 패턴** : A면 no.7을 사용한다.
- **사용하는 패턴 부위** : 앞, 뒤
- 안단과 칼라는 패턴이 없으므로 각자 그리도록 한다.

겉감 재단 배치도

= 접착심 붙이는 부분

= no.7의 실물 크기 패턴

만드는 순서

3 칼라를 만들어 단다.

1 어깨를 박는다.

2 주름을 잡은 후
안단을 단다.

4 옆선 · 소매 밑단을
박는다.

5 소맷부리선 ·
밑단을 박는다.

칼라 다는 끝지점
(왼쪽만)

주름을 잡는다.

주름을 잡는다.

어깨 안단

앞뒤

앞뒤 중앙 골선

칼라

뒤중심 오른쪽 어깨 접은 선 앞중심

박음질 끝지점 박음질 끝지점

칼라의 전체 길이 **149**

어깨 안단

왼쪽 어깨

143cm 폭

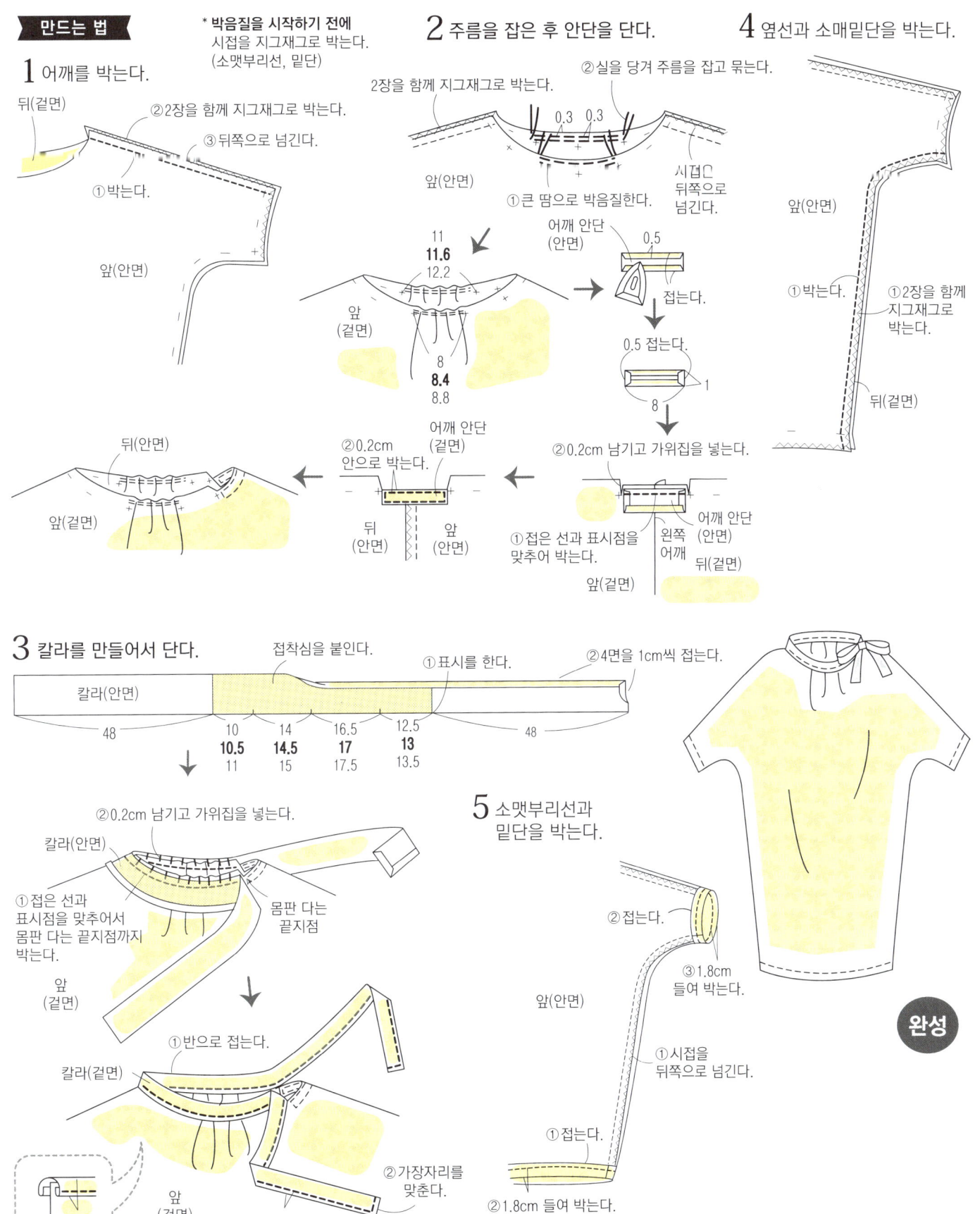

만드는 법

* 박음질을 시작하기 전에
시접을 지그재그로 박는다.
(소맷부리선, 밑단)

1 어깨를 박는다.

뒤(겉면)
②2장을 함께 지그재그로 박는다.
③뒤쪽으로 넘긴다.
①박는다.
앞(안면)

뒤(안면)
②0.2cm 안으로 박는다.
앞(겉면)

2 주름을 잡은 후 안단을 단다.

2장을 함께 지그재그로 박는다.
②실을 당겨 주름을 잡고 묶는다.
0.3 0.3
앞(안면)
①큰 땀으로 박음질한다.
시접은 뒤쪽으로 넘긴다.

11
11.6
12.2
앞(겉면)
8
8.4
8.8

어깨 안단(안면)
0.5
접는다.
0.5 접는다.
8
1
②0.2cm 남기고 가위집을 넣는다.
①접은 선과 표시점을 맞추어 박는다.
어깨 안단(안면)
왼쪽 어깨
앞(겉면)
뒤(겉면)

②0.2cm 안으로 박는다.
어깨 안단(겉면)
뒤(안면) 앞(안면)

4 옆선과 소매밑단을 박는다.

앞(안면)
①박는다.
①2장을 함께 지그재그로 박는다.
뒤(겉면)

3 칼라를 만들어서 단다.

접착심을 붙인다.
①표시를 한다.
②4면을 1cm씩 접는다.
칼라(안면)
48
10 14 16.5 12.5
10.5 14.5 17 13
11 15 17.5 13.5
48

②0.2cm 남기고 가위집을 넣는다.
칼라(안면)
①접은 선과 표시점을 맞추어서 몸판 다는 끝지점까지 박는다.
앞(겉면)
몸판 다는 끝지점

①반으로 접는다.
칼라(겉면)
②가장자리를 맞춘다.
③0.2cm 들여 박는다.
앞(겉면)
3

5 소맷부리선과 밑단을 박는다.

②접는다.
③1.8cm 들여 박는다.
앞(안면)
①시접을 뒤쪽으로 넘긴다.
①접는다.
②1.8cm 들여 박는다.

완성

55

하이웨이스트
개더 원피스

no. *14* ⋯⋯⋯⋯

하이웨이스트 절개선 아래에 주름
을 잡아 풍성한 실루엣을 연출하
는 원피스. 더블거즈 원단을 사용
해 촉감이 부드럽고 초록색 꽃무
늬가 상큼함을 더해줘요.

하이웨이스트
A라인 원피스

*no.*15

밑단 양옆의 길이를 언밸런스하게
늘어뜨린 원피스. 하이웨이스트 부
분에서 퍼지는 플레어 라인의 실루
엣이 우아한 느낌을 줍니다.

no.14

재료		S	M	L
겉감(더블거즈)	106cm 폭	2m70cm	2m80cm	2m80cm
접착심	112cm 폭	20cm	20cm	20cm
단추	지름 1cm	1개	1개	1개
완성 치수	옷 길이	94cm	98.5cm	99.5cm

*치수 참고하기
숫자가 3개 있는 것은
상 : S 사이즈,
중 : M 사이즈,
하 : L 사이즈이며,
숫자가 1개만 있는 것은 공통

패턴 사용법

· **실물 크기 패턴** : A면 no.24를 사용한다.

· **사용하는 패턴 부위** : 앞, 뒤, 소매, 앞뒤 스커트, 앞 안단, 뒤 안단

· 커프스 및 고리는 패턴이 없으므로 각자 그리도록 한다.

· **패턴을 고치는 방법** : 스커트 주름으로 턱 대신 개더를 만든다.

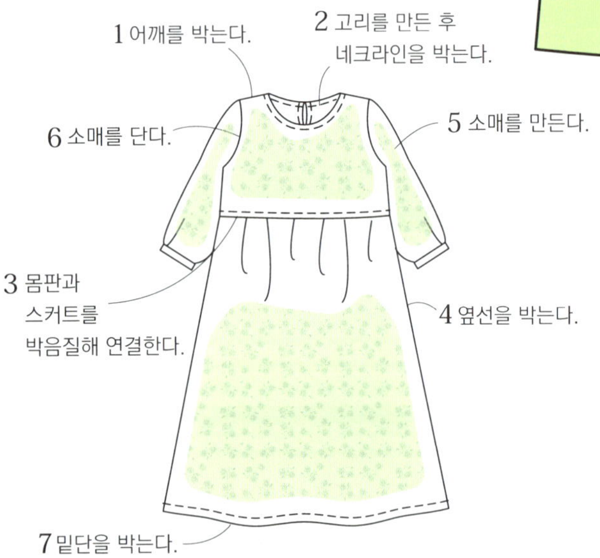

겉감 재단 배치도

= 접착심 붙이는 부분

= no.24의 실물 크기 패턴

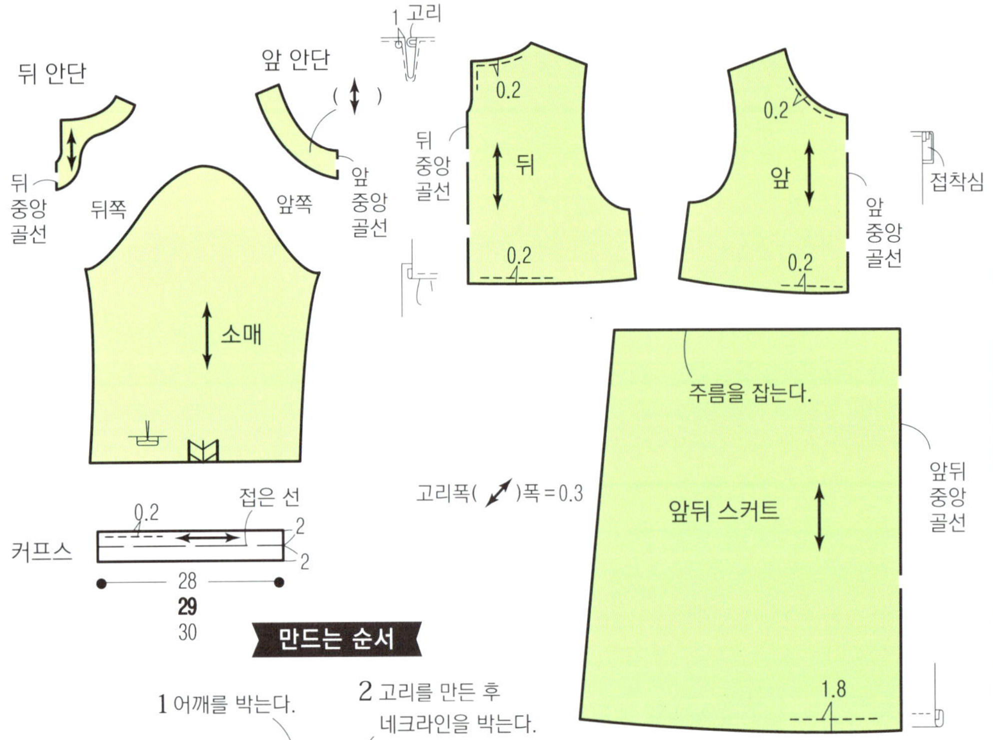

뒤 안단

앞 안단

뒤쪽
뒤 중앙 골선

앞쪽
앞 중앙 골선

1 고리

소매

뒤
중앙
골선

0.2

뒤

0.2

앞

0.2

0.2

앞
중앙
골선

접착심

커프스

0.2

접은 선

28
29
30

2
2

만드는 순서

주름을 잡는다.

고리폭( )폭 = 0.3

앞뒤 스커트

앞뒤
중앙
골선

1.8

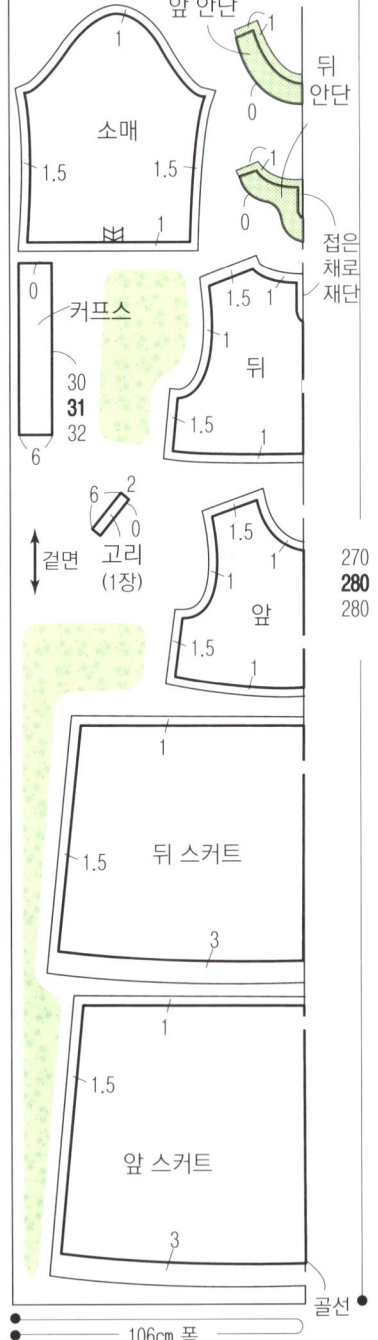

270
280
280

106cm 폭

골선

1 어깨를 박는다.

2 고리를 만든 후 네크라인을 박는다.

5 소매를 만든다.

6 소매를 단다.

3 몸판과 스커트를 박음질해 연결한다.

4 옆선을 박는다.

7 밑단을 박는다.

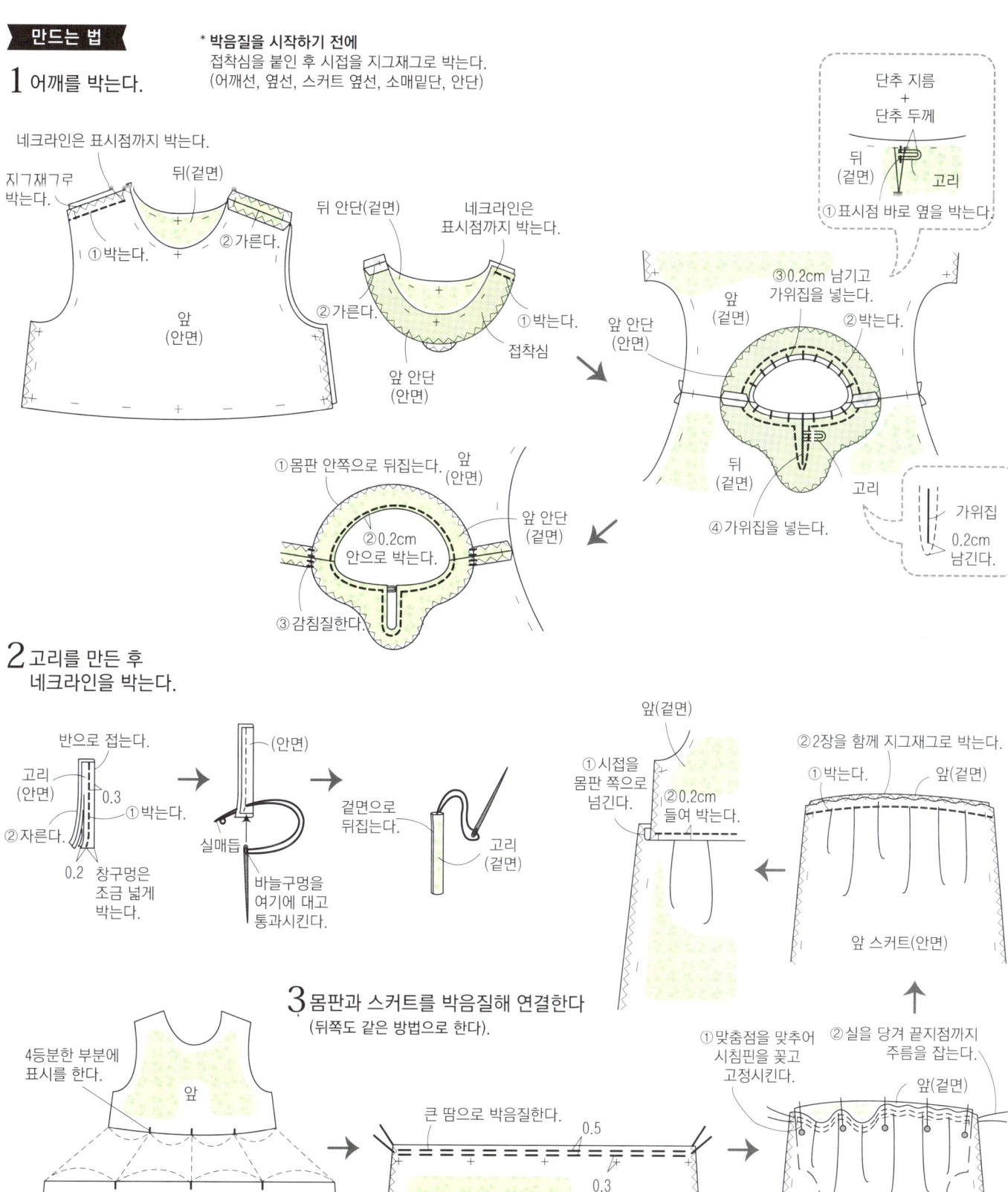

만드는 법

1 어깨를 박는다.

* **박음질을 시작하기 전에**
접착심을 붙인 후 시접을 지그재그로 박는다.
(어깨선, 옆선, 스커트 옆선, 소매밑단, 안단)

네크라인은 표시점까지 박는다.

지그재그로 박는다.

뒤(겉면)

① 박는다.   ② 가른다.

앞
(안면)

뒤 안단(겉면)

네크라인은 표시점까지 박는다.

② 가른다.

① 박는다.

접착심

앞 안단
(안면)

단추 지름
+
단추 두께

뒤
(겉면)   고리

① 표시점 바로 옆을 박는다.

앞
(겉면)

③ 0.2cm 남기고 가위집을 넣는다.

앞 안단
(안면)

② 박는다.

뒤
(겉면)   고리

④ 가위집을 넣는다.

가위집
0.2cm 남긴다.

① 몸판 안쪽으로 뒤집는다.   앞(안면)

② 0.2cm 안으로 박는다.

앞 안단
(겉면)

③ 감침질한다.

2 고리를 만든 후 네크라인을 박는다.

반으로 접는다.

고리
(안면)

0.3

① 박는다.

② 자른다.

0.2   창구멍은 조금 넓게 박는다.

(안면)

실매듭

바늘구멍을 여기에 대고 통과시킨다.

겉면으로 뒤집는다.

고리
(겉면)

앞(겉면)

① 시접을 몸판 쪽으로 넘긴다.

② 0.2cm 들여 박는다.

② 2장을 함께 지그재그로 박는다.

① 박는다.   앞(겉면)

앞 스커트(안면)

① 맞춤점을 맞추어 시침핀을 꽂고 고정시킨다.

② 실을 당겨 끝지점까지 주름을 잡는다.

앞(겉면)

3 몸판과 스커트를 박음질해 연결한다
(뒤쪽도 같은 방법으로 한다).

4등분한 부분에 표시를 한다.

앞

앞 스커트

큰 땀으로 박음질한다.

0.5

0.3

앞 스커트(겉면)

앞 스커트(안면)

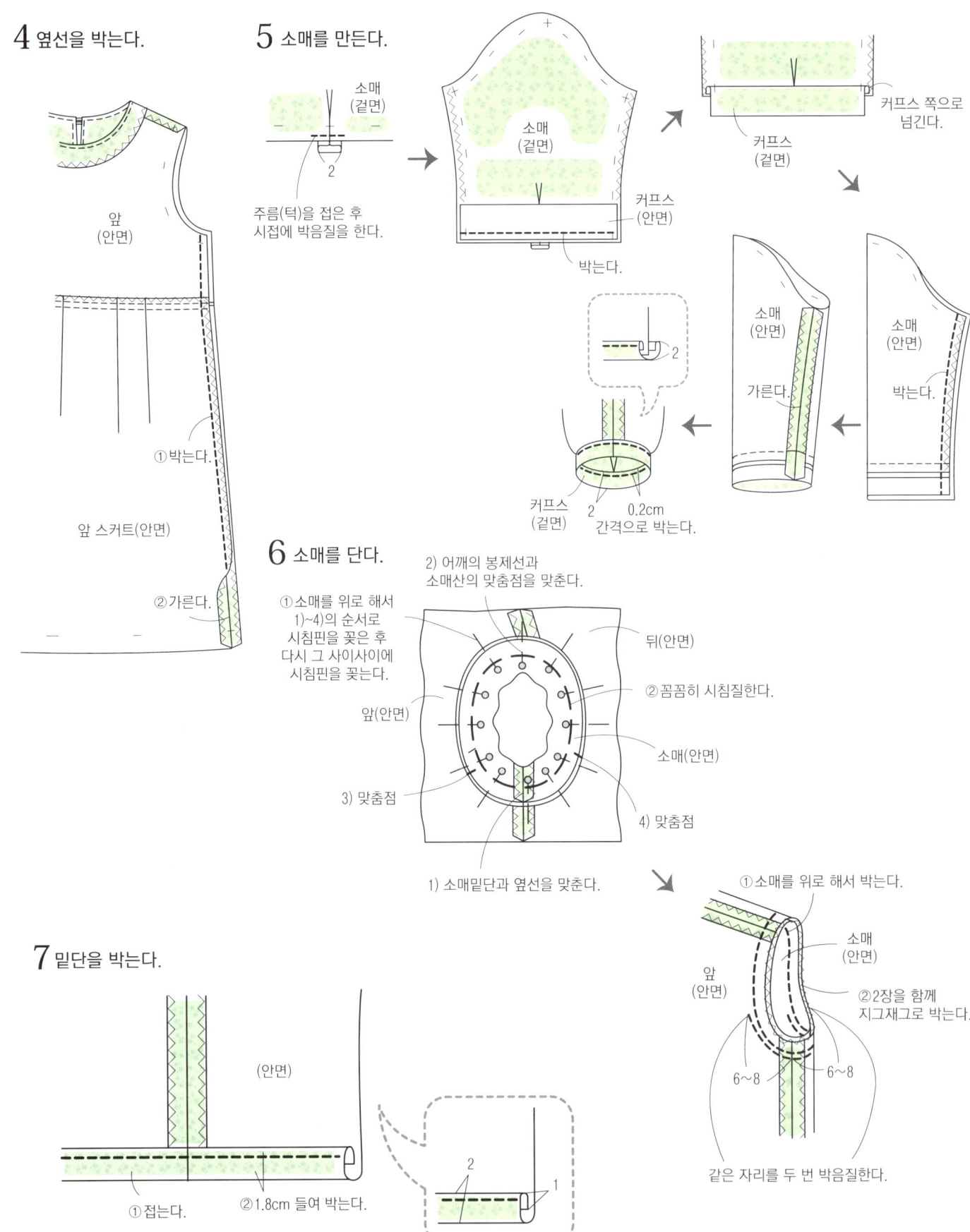

4 옆선을 박는다.

앞
(안면)

앞 스커트(안면)

①박는다.

②가른다.

5 소매를 만든다.

소매
(겉면)

소매
(겉면)

주름(턱)을 접은 후
시접에 박음질을 한다.

2

소매
(겉면)

소매
(겉면)

커프스
(안면)

박는다.

커프스
(겉면)

커프스 쪽으로
넘긴다.

소매
(안면)

소매
(안면)

가른다.

박는다.

2

커프스
(겉면)

2 0.2cm
간격으로 박는다.

6 소매를 단다.

①소매를 위로 해서
1)~4)의 순서로
시침핀을 꽂은 후
다시 그 사이사이에
시침핀을 꽂는다.

2) 어깨의 봉제선과
소매산의 맞춤점을 맞춘다.

뒤(안면)

②꼼꼼히 시침질한다.

앞(안면)

소매(안면)

3) 맞춤점

4) 맞춤점

1) 소매밑단과 옆선을 맞춘다.

①소매를 위로 해서 박는다.

소매
(안면)

앞
(안면)

②2장을 함께
지그재그로 박는다.

6~8   6~8

같은 자리를 두 번 박음질한다.

7 밑단을 박는다.

(안면)

①접는다.

②1.8cm 들여 박는다.

2

1

재료		S	M	L
겉감(면마 혼방)	108cm 폭	2m80cm	2m90cm	2m90cm
접착심	112cm 폭	20cm	20cm	20cm
단추	지름1cm	1개	1개	1개
완성 치수	옷 길이	97cm	100.5cm	101.5cm

*치수 참고하기
숫자가 3개 있는 것은
상 : S 사이즈,
중 : M 사이즈,
하 : L 사이즈이며,
숫자가 1개만 있는 것은 공통

패턴 사용법

· **실물 크기 패턴** : A면 no.24를 사용한다. 스커트는 A면 no.15를 사용한다.
· **사용하는 패턴 부위** : 앞, 뒤, 소매, 앞 안단, 뒤 안단(no.24의 패턴)
　　　　　　　　　　　앞뒤 스커트(no.15의 패턴)
· 커프스 및 고리는 패턴이 없으므로 각자 그리도록 한다.

■ = 접착심 붙이는 부분

겉감 재단 배치도

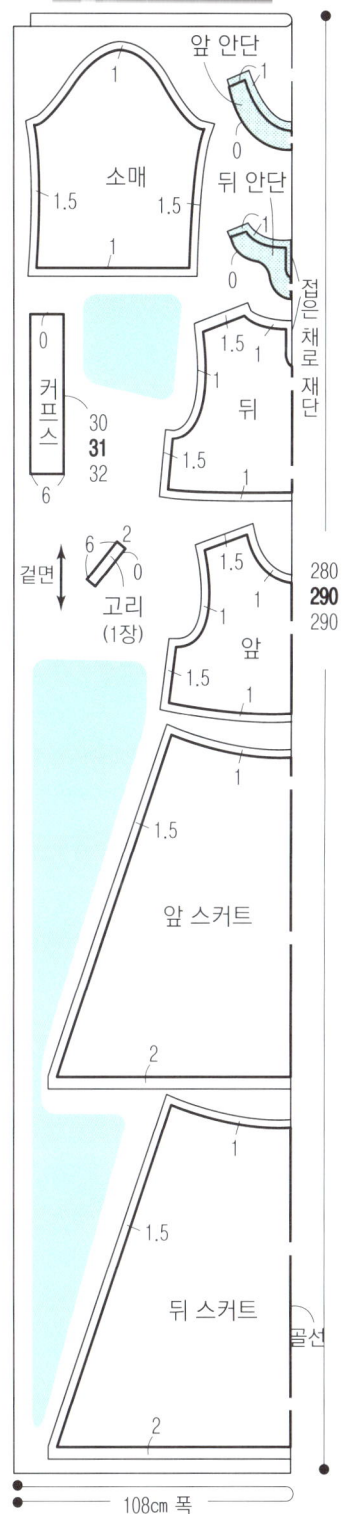

■ = no.24의 실물 크기 패턴

■ = no.15의 실물 크기 패턴

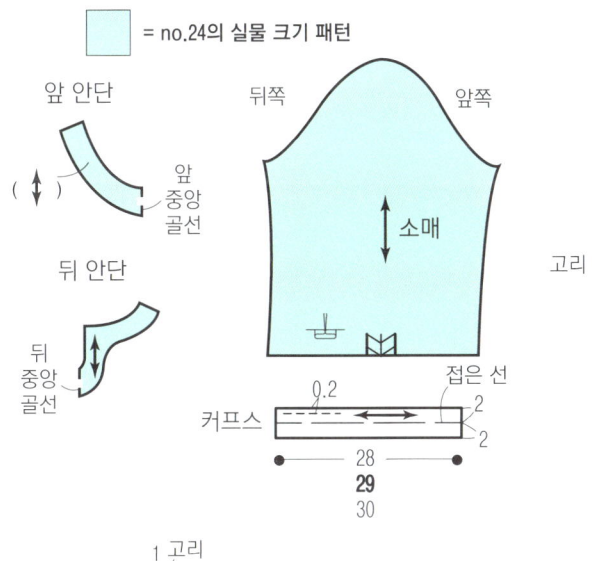

고리 폭(✎)폭 = 0.3

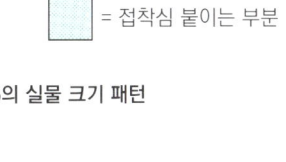

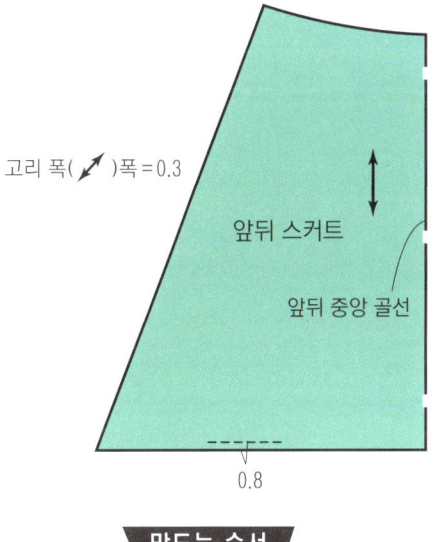

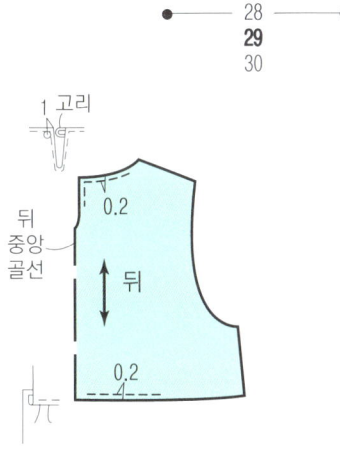

만드는 순서

1 어깨를 박는다.
2 고리를 만든 후 네크라인을 박는다.
6 소매를 단다
5 소매를 만든다.
3 몸판과 스커트를 박음질해 연결한다.
4 옆선을 박는다.
7 밑단을 박는다.

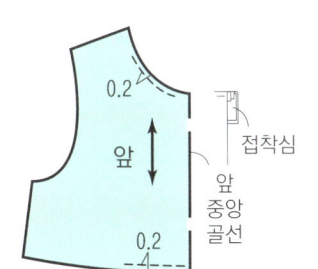

1 어깨를 박는다.

* 박음질을 시작하기 전에
접착심을 붙인 후 시접을 지그재그로 박는다.
(어깨선, 옆선, 스커트 옆선, 소매밑단, 안단)

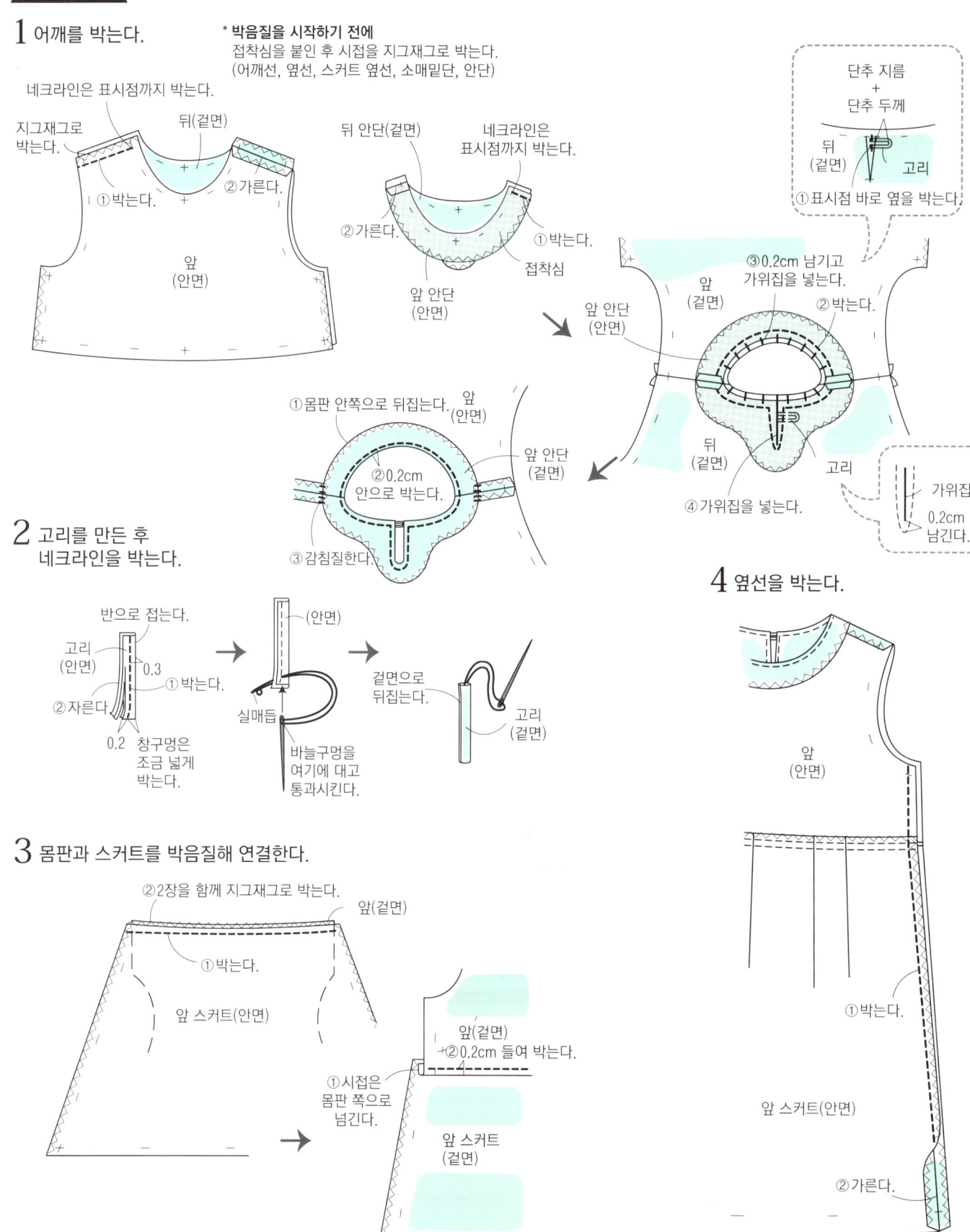

네크라인은 표시점까지 박는다.

지그재그로 박는다.

뒤(겉면)

①박는다. ②가른다.

앞(안면)

뒤 안단(겉면)

네크라인은 표시점까지 박는다.

②가른다. ①박는다.

앞 안단(안면) 접착심

단추 지름 + 단추 두께

뒤(겉면) 고리

①표시점 바로 옆을 박는다.

앞(겉면) ③0.2cm 남기고 가위집을 넣는다. ②박는다.

앞 안단(안면)

뒤(겉면) 고리

④가위집을 넣는다.

가위집 0.2cm 남긴다.

①몸판 안쪽으로 뒤집는다. 앞(안면)

②0.2cm 안으로 박는다.

앞 안단(겉면)

③감침질한다.

2 고리를 만든 후 네크라인을 박는다.

반으로 접는다.

고리(안면) 0.3

①박는다.

②자른다.

0.2

창구멍은 조금 넓게 박는다.

(안면)

실매듭

바늘구멍을 여기에 대고 통과시킨다.

겉면으로 뒤집는다.

고리(겉면)

3 몸판과 스커트를 박음질해 연결한다.

②2장을 함께 지그재그로 박는다.

앞(겉면)

①박는다.

앞 스커트(안면)

앞(겉면)

②0.2cm 들여 박는다.

①시접은 몸판 쪽으로 넘긴다.

앞 스커트(겉면)

4 옆선을 박는다.

앞(안면)

①박는다.

앞 스커트(안면)

②가른다.

5 소매를 만든다.

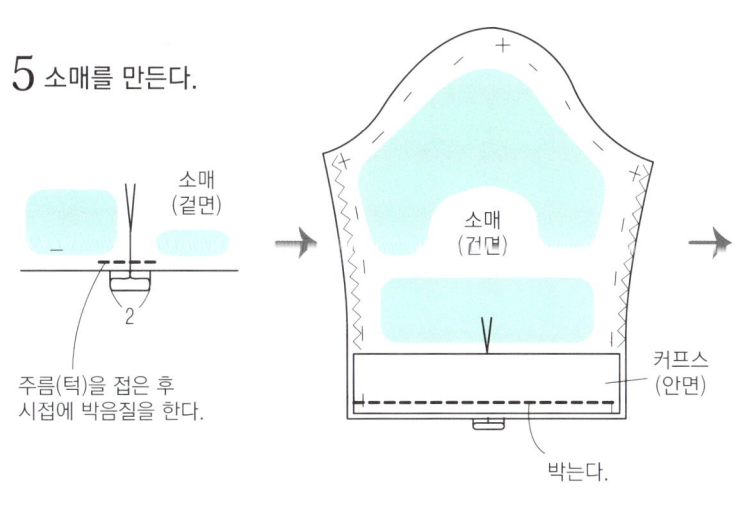

소매
(겉면)

2

주름(턱)을 접은 후
시접에 박음질을 한다.

소매
(겉면)

커프스
(안면)

박는다.

커프스
(겉면)

커프스 쪽으로
넘긴다.

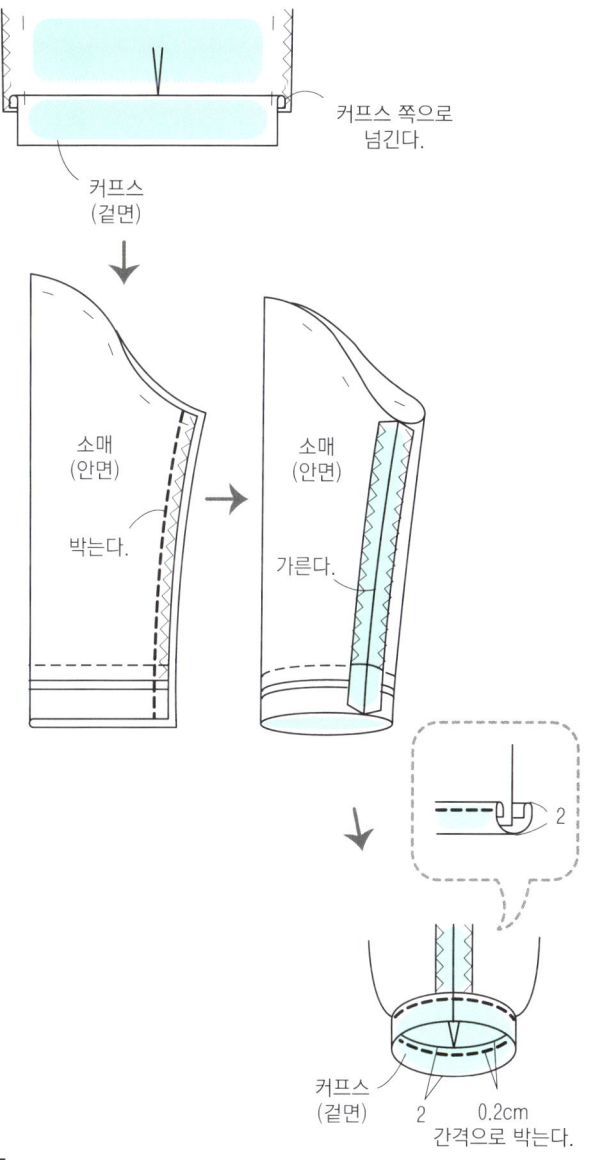

소매
(안면)

박는다.

소매
(안면)

가른다.

2

커프스
(겉면)

2   0.2cm
간격으로 박는다.

6 소매를 단다.

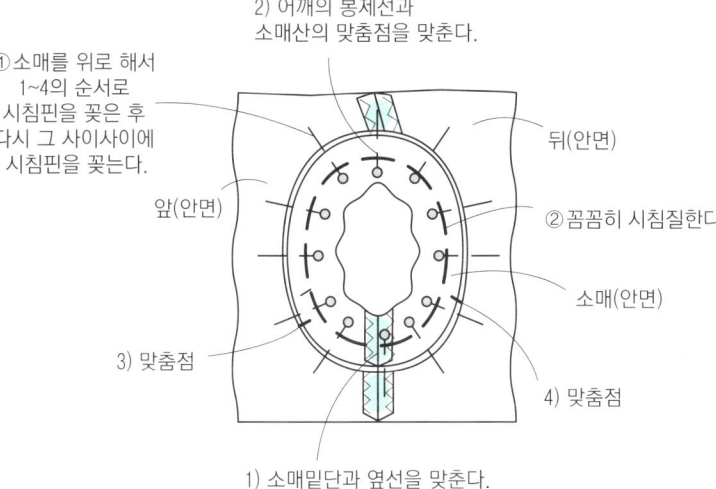

① 소매를 위로 해서
1~4의 순서로
시침핀을 꽂은 후
다시 그 사이사이에
시침핀을 꽂는다.

2) 어깨의 봉제선과
소매산의 맞춤점을 맞춘다.

뒤(안면)

앞(안면)

② 꼼꼼히 시침질한다.

소매(안면)

3) 맞춤점

4) 맞춤점

1) 소매밑단과 옆선을 맞춘다.

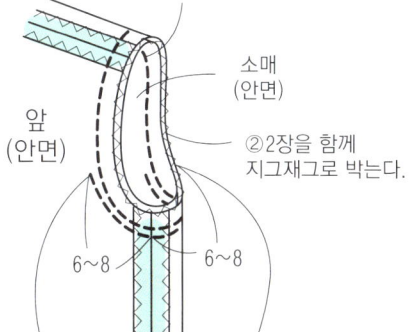

① 소매를 위로 해서 박는다.

소매
(안면)

앞
(안면)

② 2장을 함께
지그재그로 박는다.

6~8   6~8

같은 자리를 두 번 박음질한다.

7 밑단을 박는다.

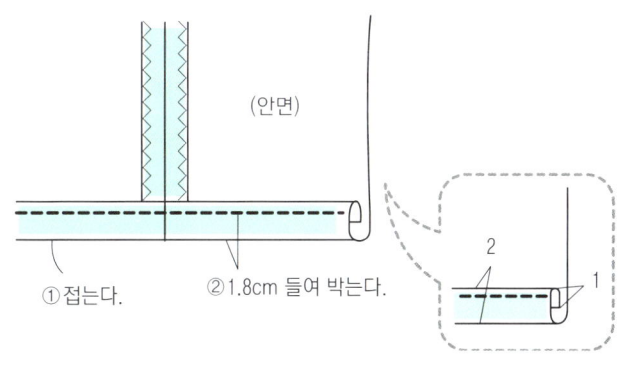

(안면)

① 접는다.   ② 1.8cm 들여 박는다.

2

1

앞여밈 원피스 A

🌿 반소매

셕시하고 여성스러운 앞여밈 스타일을
귀엽게 재탄생시킨 원피스. 고무줄로
주름을 잡은 퍼프소매가 귀여운 느낌
이 나요. 면마 혼방 원단의 글렌체크가
시원하면서도 세련되어 보인답니다.

no. 16

앞여밈 원피스 B

민소매

화사한 색상의 꽃무늬 프린트가 돋보이는 슬리브리스 원피스. 소매를 제외한 패턴은 no.16과 같아요. 풋풋한 소녀의 감성이 느껴지는 여름 원피스랍니다.

no.17

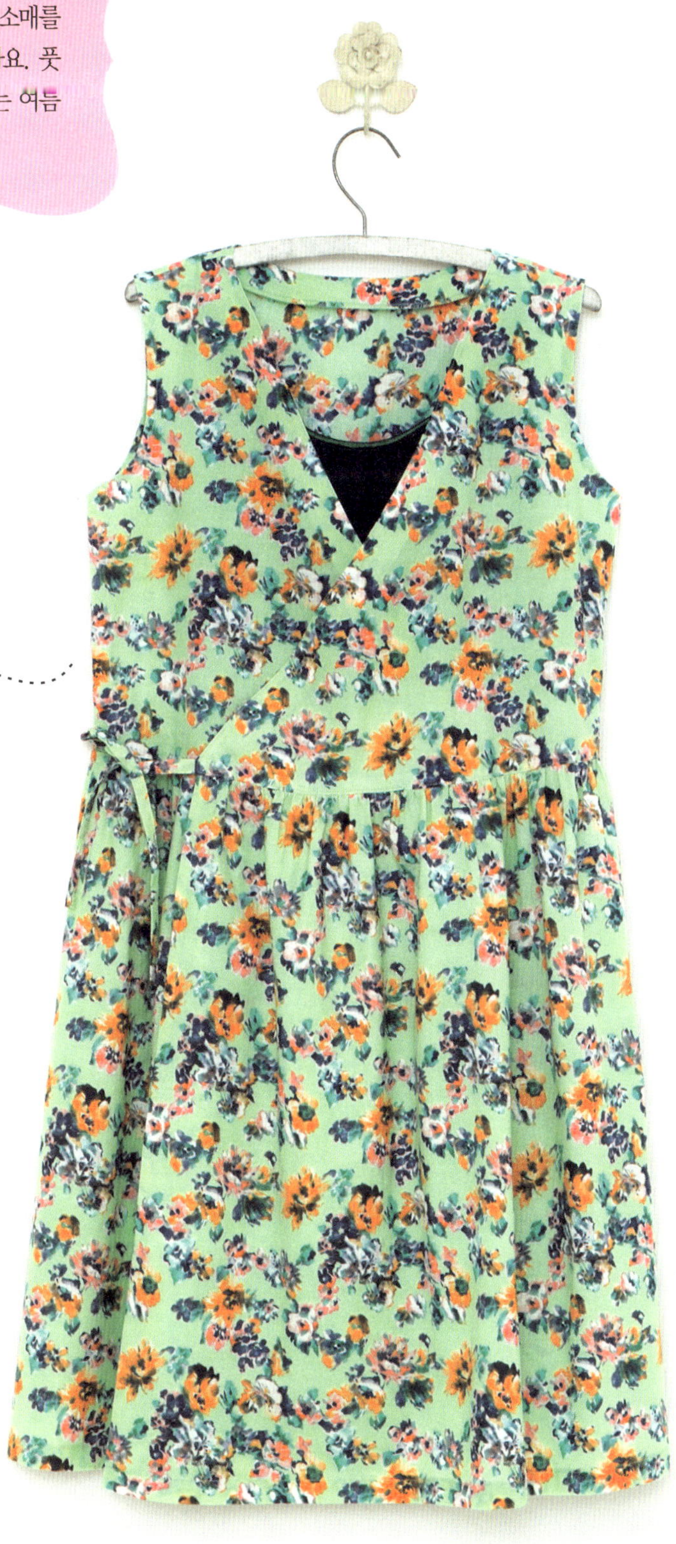

재료		S	M	L
겉감(면마 혼방 글렌체크)	110cm 폭	3m30cm	3m40cm	3m40cm
접착심	112cm 폭	50cm	50cm	50cm
고무테이프	0.5cm 폭	56cm	60cm	64cm
완성 치수	옷 길이	97cm	100.5cm	101.5cm

*글렌체크(glen check) : 작은 격자와 큰 격자가 겹쳐지며 구성된 스코틀랜드 스타일 체크 무늬.

*치수 참고하기
숫자가 3개 있는 것은
상 : S 사이즈,
중 : M 사이즈,
하 : L 사이즈이며,
숫자가 1개만 있는 것은 공통

패턴 사용법

= 접착심 붙이는 부분

• **실물 크기 패턴** : B면 no.16을 사용한다.

• **사용하는 패턴 부위** : 앞, 뒤, 앞 안단, 뒤 안단, 소매, 앞 스커트, 뒤 스커트

• 끈, 소매 안단, 바이어스 감은 패턴이 없으므로 각자 그리도록 한다.

겉감 재단 배치도

= no.16의 실물 크기 패턴

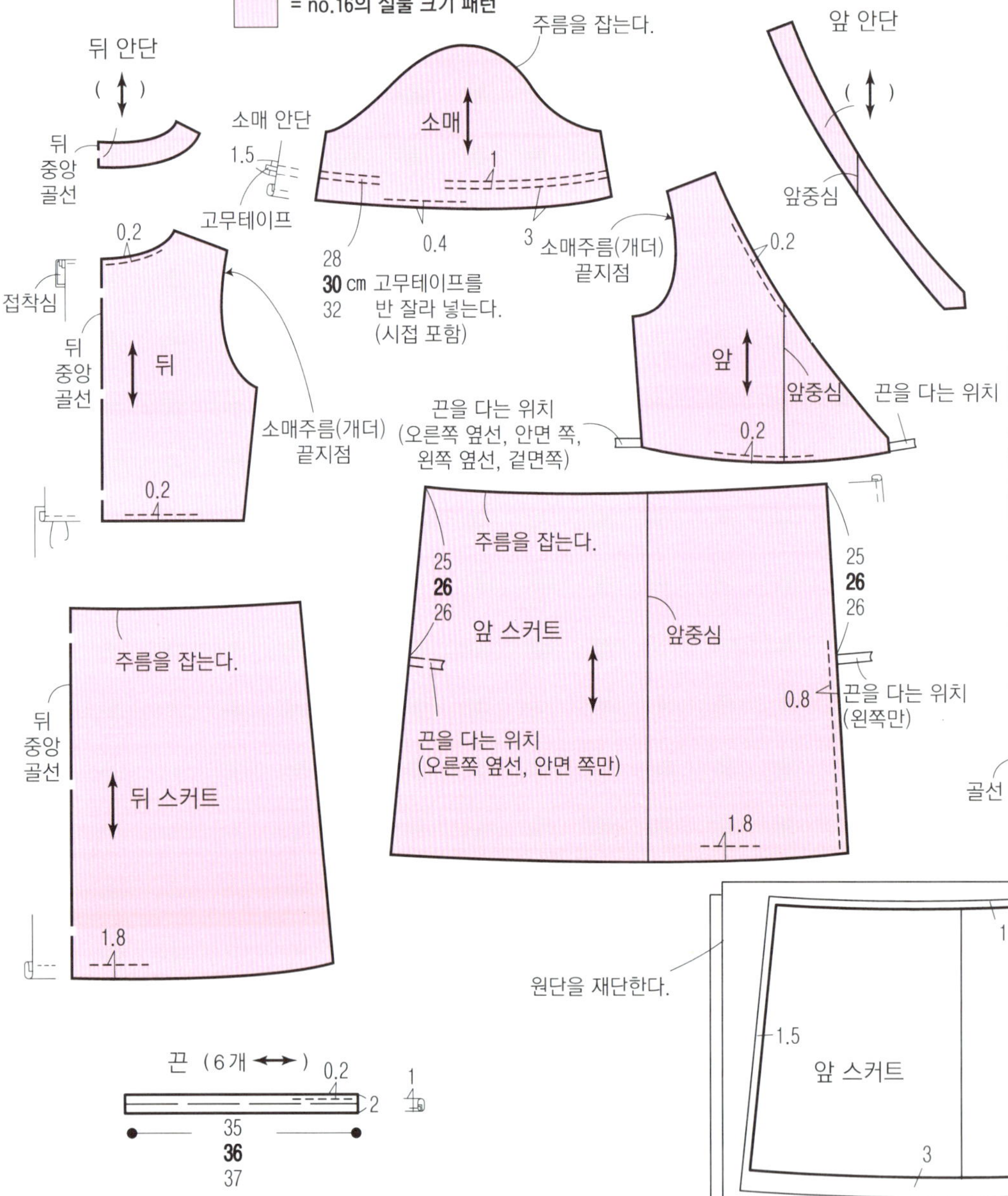

뒤 안단
(↕)

뒤
중앙
골선

접착심

소매 안단
1.5

고무테이프

0.2

뒤

뒤
중앙
골선

0.2
4

주름을 잡는다.

소매

28
30 cm 고무테이프를
32   반 잘라 넣는다.
(시접 포함)

0.4   3 소매주름(개더)
끝지점
1

소매주름(개더)
끝지점

앞 안단
(↕)

앞중심

주름을 잡는다.

0.2

앞

앞중심

0.2

끈을 다는 위치

끈을 다는 위치
(오른쪽 옆선, 안면 쪽,
왼쪽 옆선, 겉면쪽)

소매 안단
1.5

(55cm 길이
2장)

소매

1.5   1.5

뒤 안단

앞 안단
1.5

1

앞

1.5

1

1

1.5

뒤

1.5

1

1

1.5

뒤 스커트

1.5

골선

3

겉면

330
340
340

주름을 잡는다.

뒤
중앙
골선

뒤 스커트

1.8

25
26
26

앞 스커트

앞중심

25
26
26

끈을 다는 위치
(오른쪽 옆선, 안면 쪽만)

0.8   끈을 다는 위치
(왼쪽만)

1.8

원단을 재단한다.

1

1.5

앞 스커트

2

3

골선

끈 (6개)

4   0

37
38
39

110cm 폭

끈 (6개 ↔)   0.2
4

35
36
37

1

2

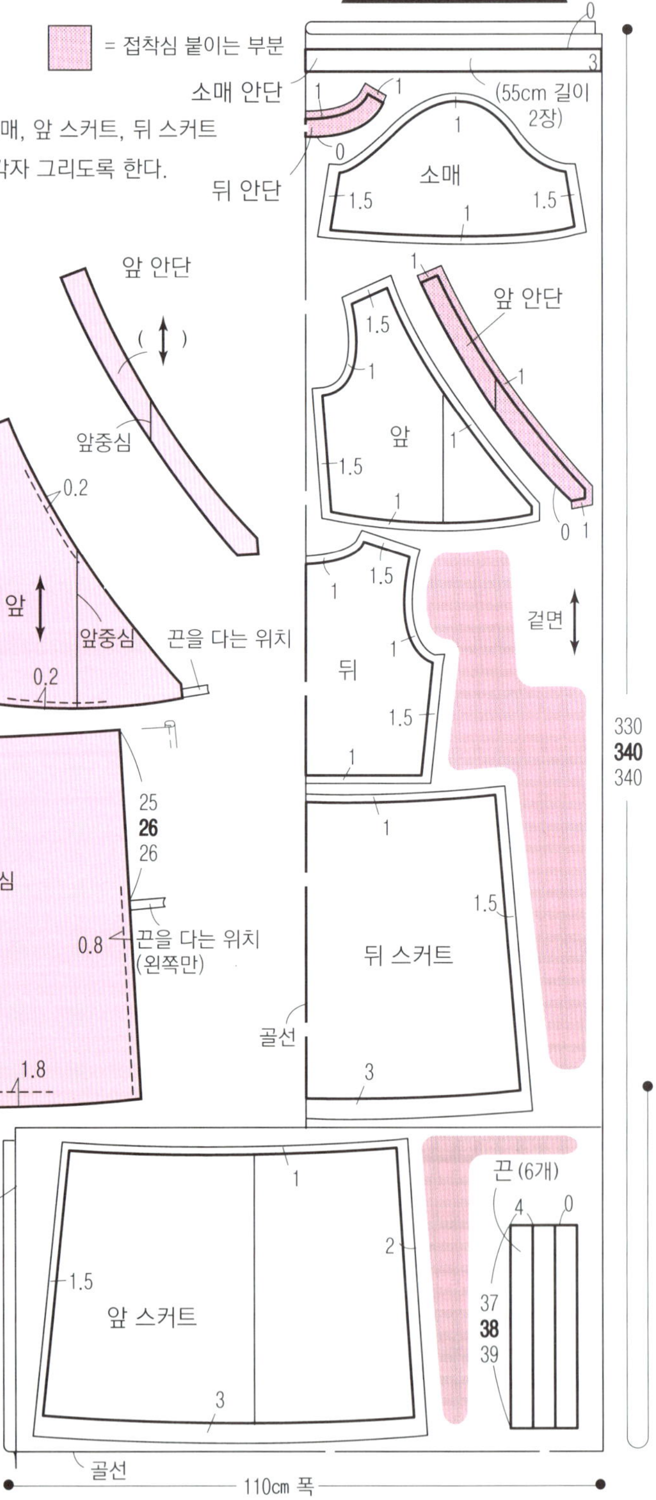

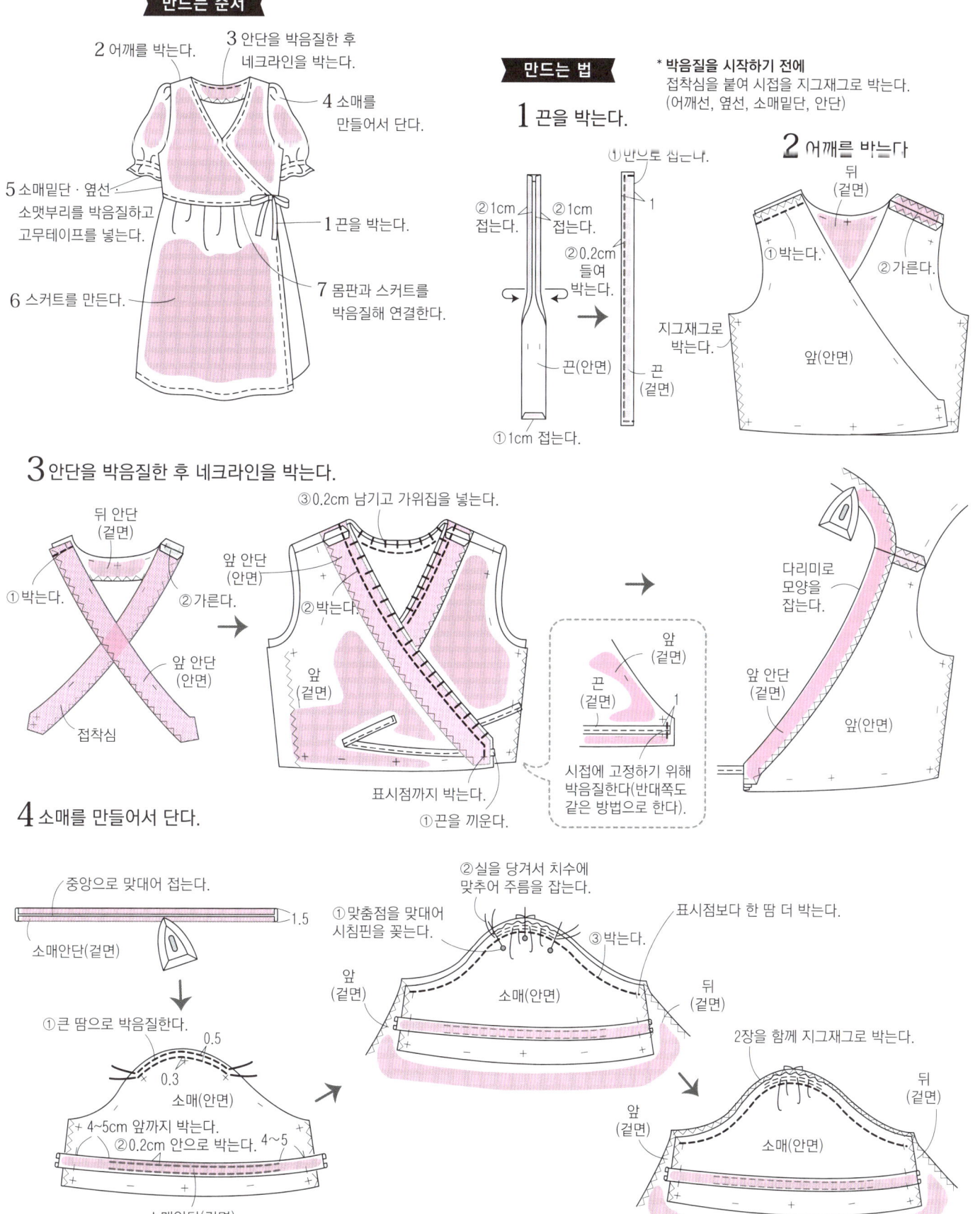

2 어깨를 박는다.

3 안단을 박음질한 후 네크라인을 박는다.

4 소매를 만들어서 단다.

5 소매밑단 · 옆선 소맷부리를 박음질하고 고무테이프를 넣는다.

1 끈을 박는다.

6 스커트를 만든다.

7 몸판과 스커트를 박음질해 연결한다.

만드는 법

* 박음질을 시작하기 전에 접착심을 붙여 시접을 지그재그로 박는다. (어깨선, 옆선, 소매밑단, 안단)

1 끈을 박는다.

①반으로 접는다.

②1cm 접는다. ②1cm 접는다.

②0.2cm 들여 박는다.

지그재그로 박는다.

끈(안면)

끈(겉면)

①1cm 접는다.

2 어깨를 박는다

뒤 (겉면)

①박는다. ②가른다.

앞(안면)

3 안단을 박음질한 후 네크라인을 박는다.

뒤 안단 (겉면)

①박는다. ②가른다.

앞 안단 (안면)

접착심

③0.2cm 남기고 가위집을 넣는다.

앞 안단 (안면)

②박는다

앞 (겉면)

표시점까지 박는다.

①끈을 끼운다.

앞 (겉면)

끈 (겉면)

1

시접에 고정하기 위해 박음질한다(반대쪽도 같은 방법으로 한다).

다리미로 모양을 잡는다.

앞 안단 (겉면)

앞(안면)

4 소매를 만들어서 단다.

중앙으로 맞대어 접는다.

소매안단(겉면)

1.5

①큰 땀으로 박음질한다.

0.5

0.3

소매(안면)

+4~5cm 앞까지 박는다.

②0.2cm 안으로 박는다.

4~5

소매안단(겉면)

②실을 당겨서 치수에 맞추어 주름을 잡는다.

①맞춤점을 맞대어 시침핀을 꽂는다.

③박는다.

표시점보다 한 땀 더 박는다.

앞 (겉면)

소매(안면)

뒤 (겉면)

2장을 함께 지그재그로 박는다.

앞 (겉면)

소매(안면)

뒤 (겉면)

5 소매밑단·옆선·소맷부리를 박음질한 후 고무테이프를 넣는다.

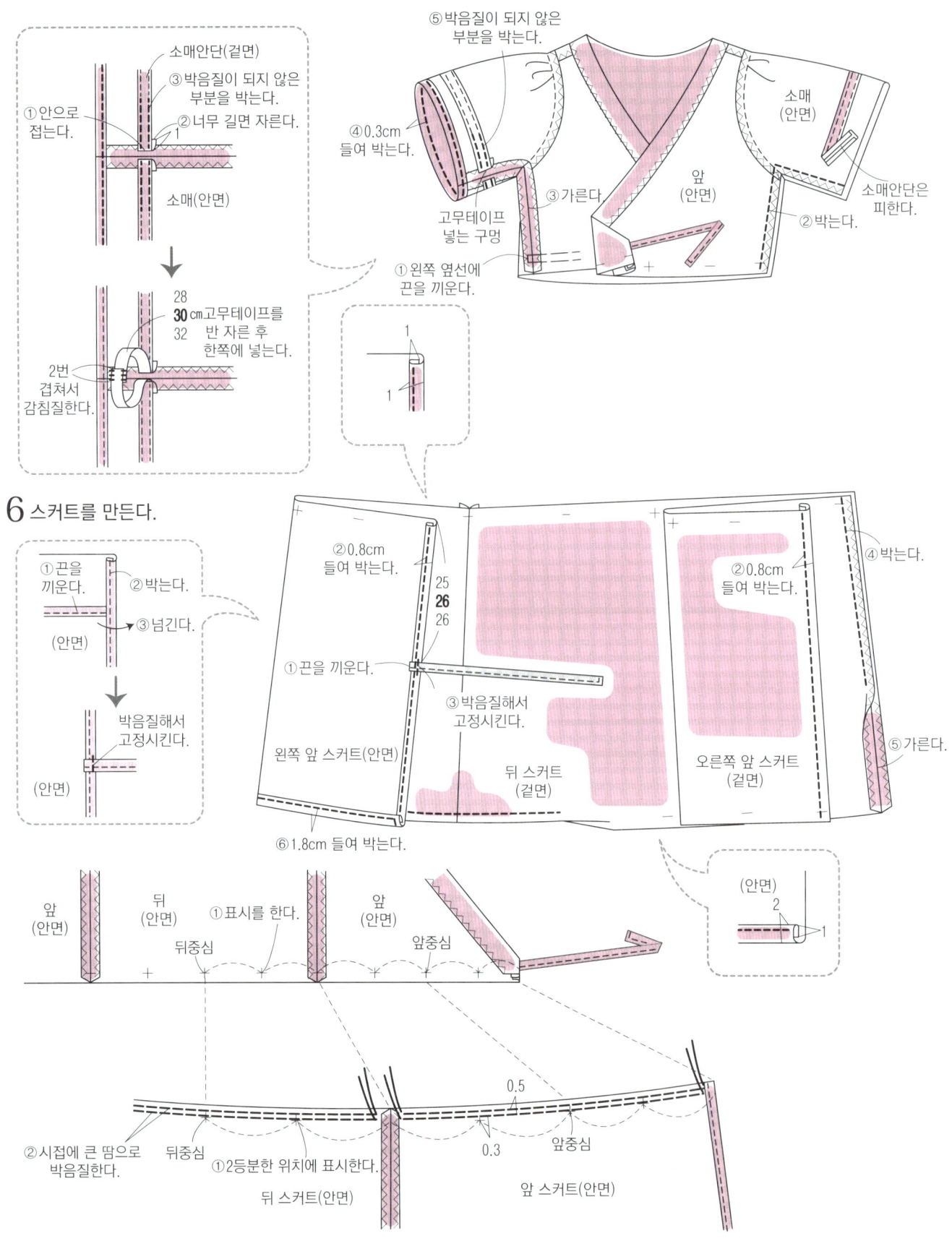

⑤박음질이 되지 않은 부분을 박는다.

소매안단(겉면)

③박음질이 되지 않은 부분을 박는다.

①안으로 접는다.

②너무 길면 자른다.

소매 (안면)

④0.3cm 들여 박는다.

소매(안면)

소매 (안면)

③가른다

앞 (안면)

소매안단은 피한다.

②박는다.

고무테이프 넣는 구멍

①왼쪽 옆선에 끈을 끼운다.

28
30cm고무테이프를 반 자른 후 한쪽에 넣는다.
32

2번 겹쳐서 감침질한다.

1

1

6 스커트를 만든다.

①끈을 끼운다.

②박는다.

③넘긴다.

(안면)

박음질해서 고정시킨다.

(안면)

②0.8cm 들여 박는다.

②0.8cm 들여 박는다.

④박는다.

25
26
26

①끈을 끼운다.

③박음질해서 고정시킨다.

왼쪽 앞 스커트(안면)

뒤 스커트 (겉면)

오른쪽 앞 스커트 (겉면)

⑤가른다.

⑥1.8cm 들여 박는다.

(안면)

2

1

앞 (안면)

뒤 (안면)

①표시를 한다.

앞 (안면)

뒤중심

앞중심

②시접에 큰 땀으로 박음질한다.

뒤중심

①2등분한 위치에 표시한다.

0.5

0.3

앞중심

뒤 스커트(안면)

앞 스커트(안면)

7 몸판과 스커트를 박음질해서 연결한다.

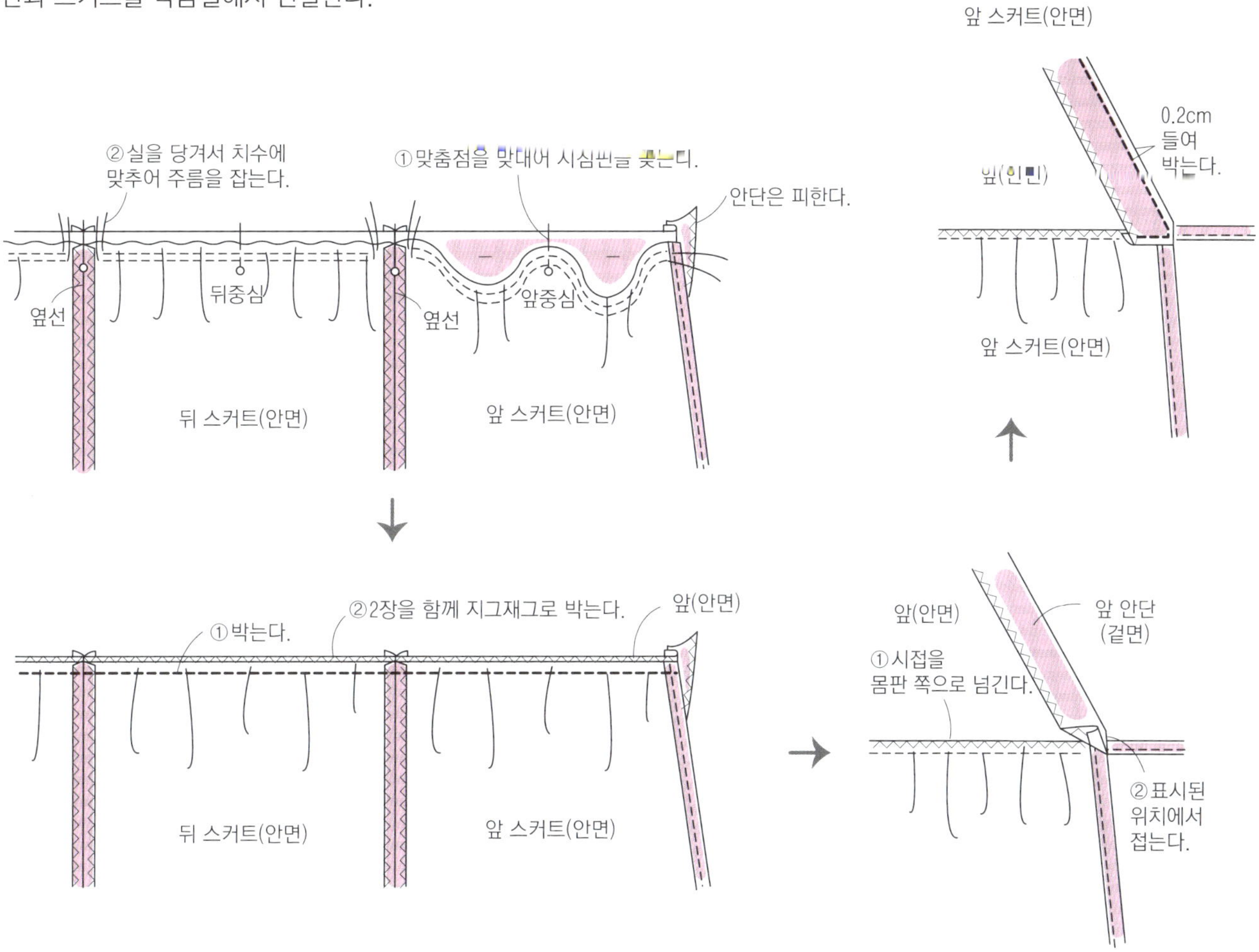

② 실을 당겨서 치수에
맞추어 주름을 잡는다.

① 맞춤점을 맞대어 시심핀늘 꽂는다.

안단은 피한다.

옆선

뒤중심

앞중심

옆선

뒤 스커트(안면)

앞 스커트(안면)

앞 스커트(안면)

0.2cm
들여
박는다.

밑(흰면)

앞 스커트(안면)

① 박는다.

② 2장을 함께 지그재그로 박는다.

앞(안면)

뒤 스커트(안면)

앞 스커트(안면)

앞(안면)

앞 안단
(겉면)

① 시접을
몸판 쪽으로 넘긴다.

② 표시된
위치에서
접는다.

0.2cm 들여 박는다.

뒤(안면)

끈

시접에
박음질한다

오른쪽
옆선

끈을 단다.

완성

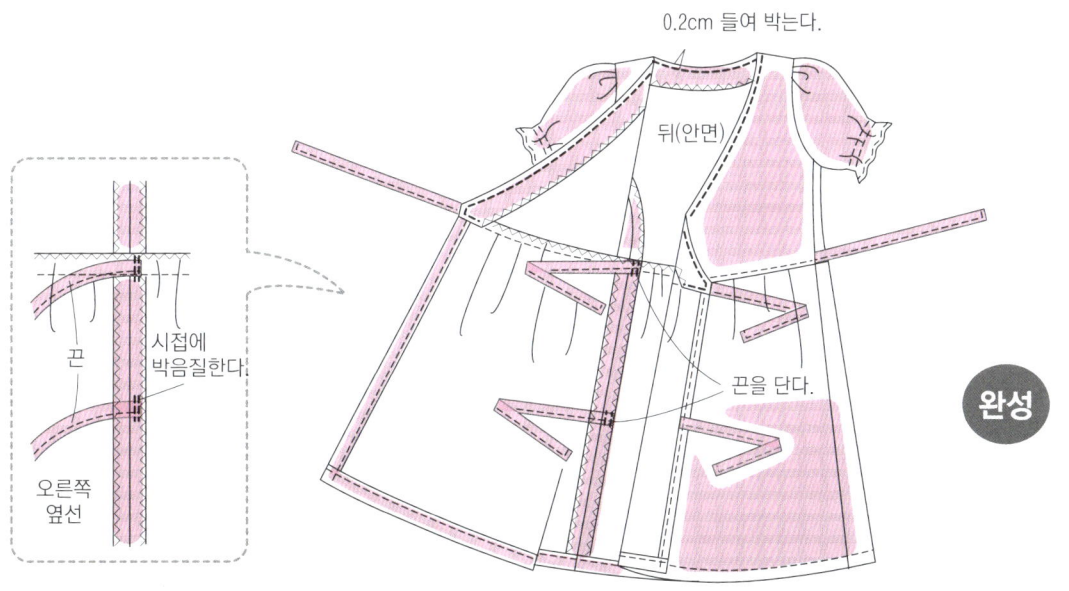

재료		S	M	L
겉감(면 드레이프 론)	106cm 폭	3m10cm	3m20cm	3m20cm
접착심	112cm 폭	50cm	50cm	50cm
완성 치수	옷 길이	97cm	100.5cm	101.5cm

*드레이프 론(drape lawn) : 면사를 사용해서 약간 거칠게 짠 원단으로, 촉감이 부드럽고 자연스럽게 늘어뜨려진다.

*치수 참고하기
숫자가 3개 있는 것은
상 : S 사이즈,
중 : M 사이즈,
하 : L 사이즈이며,
숫자가 1개만 있는 것은 공통

패턴 사용법

- **실물 크기 패턴** : B면 no.16을 사용한다.
- **사용하는 패턴 부위** : 앞, 뒤, 앞 안단, 뒤 안단, 소매, 앞 스커트, 뒤 스커트
- 끈, 소매 안단, 바이어스 감은 패턴이 없으므로 각자 그리도록 한다.
- **패턴 고치는 방법** : 민소매로 한다. 진동둘레의 옆선 부분을 길게 한다.
  진동둘레는 같은 원단의 바이어스 감으로 처리한다.

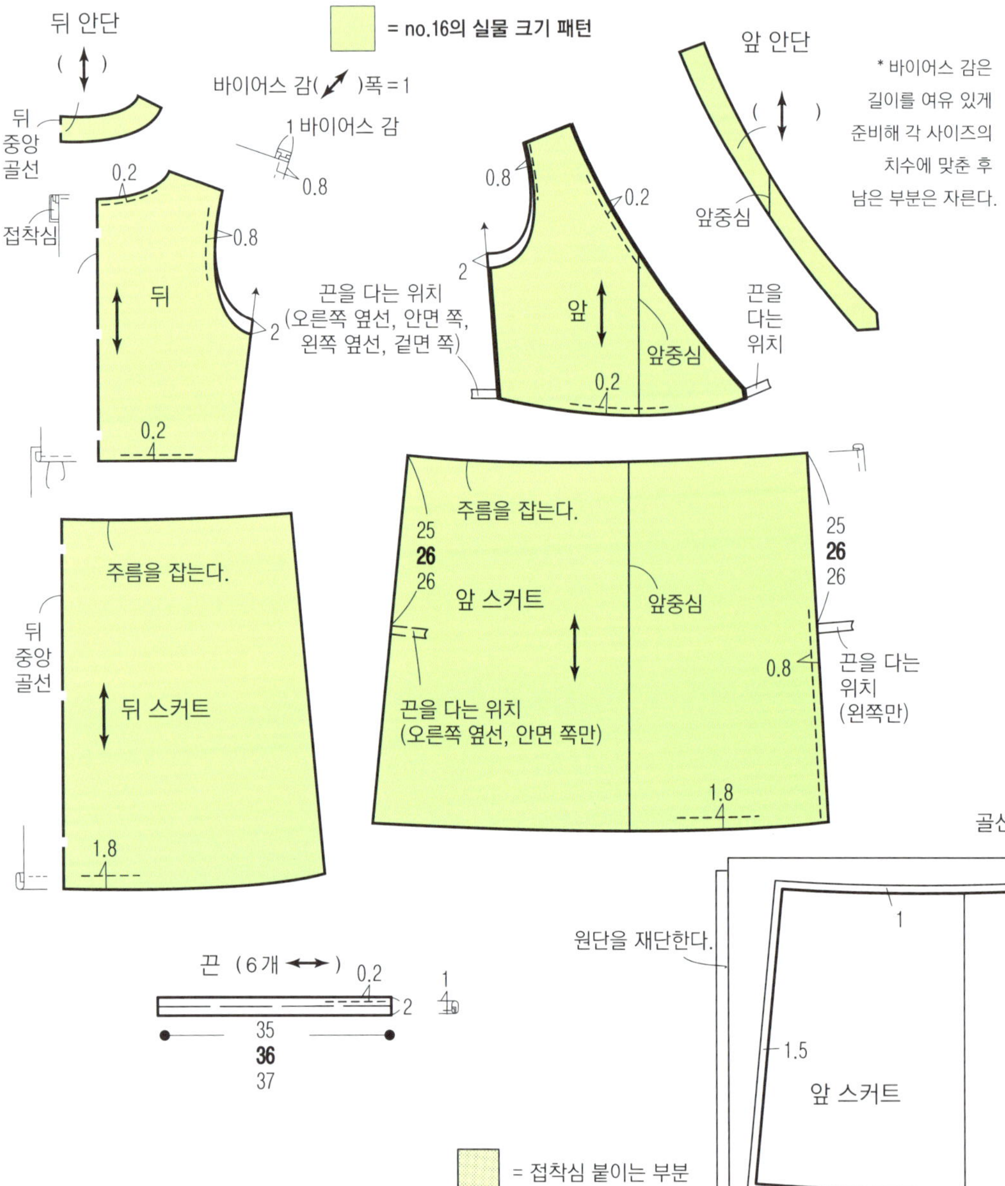

겉감 재단 배치도

= no.16의 실물 크기 패턴

뒤 안단
(↕)
뒤 중앙 골선
접착심
0.2
0.8
뒤
0.2
2
0.2
4

바이어스 감(✎)폭 = 1
1 바이어스 감
0.8

0.8
0.2
앞
앞중심
끈을 다는 위치
(오른쪽 옆선, 안면 쪽,
왼쪽 옆선, 겉면 쪽)
2
0.2

앞 안단
(↕)
앞중심
끈을 다는 위치

* 바이어스 감은
길이를 여유 있게
준비해 각 사이즈의
치수에 맞춘 후
남은 부분은 자른다.

뒤 스커트
주름을 잡는다.
뒤 중앙 골선
1.8
4

주름을 잡는다.
25 26 26
앞 스커트
끈을 다는 위치
(오른쪽 옆선, 안면 쪽만)
앞중심
25 **26** 26
0.8
끈을 다는 위치
(왼쪽만)
1.8
4

끈 (6개 ↔)
0.2
4
1
2
35 **36** 37

원단을 재단한다.
1.5
앞 스커트
3
골선
1
3
106cm 폭

= 접착심 붙이는 부분

뒤 안단
1 1
0
겉면
1.5
0
뒤
0.5
1.5
1
2
바이어스 감
(길이 약 50cm 2장)

1.5
1.5
0.5
앞 안단
1
1.5
0
1
1

뒤 스커트
1.5
골선
3

310
320
320

끈(6개)
4 0
37 **38** 39

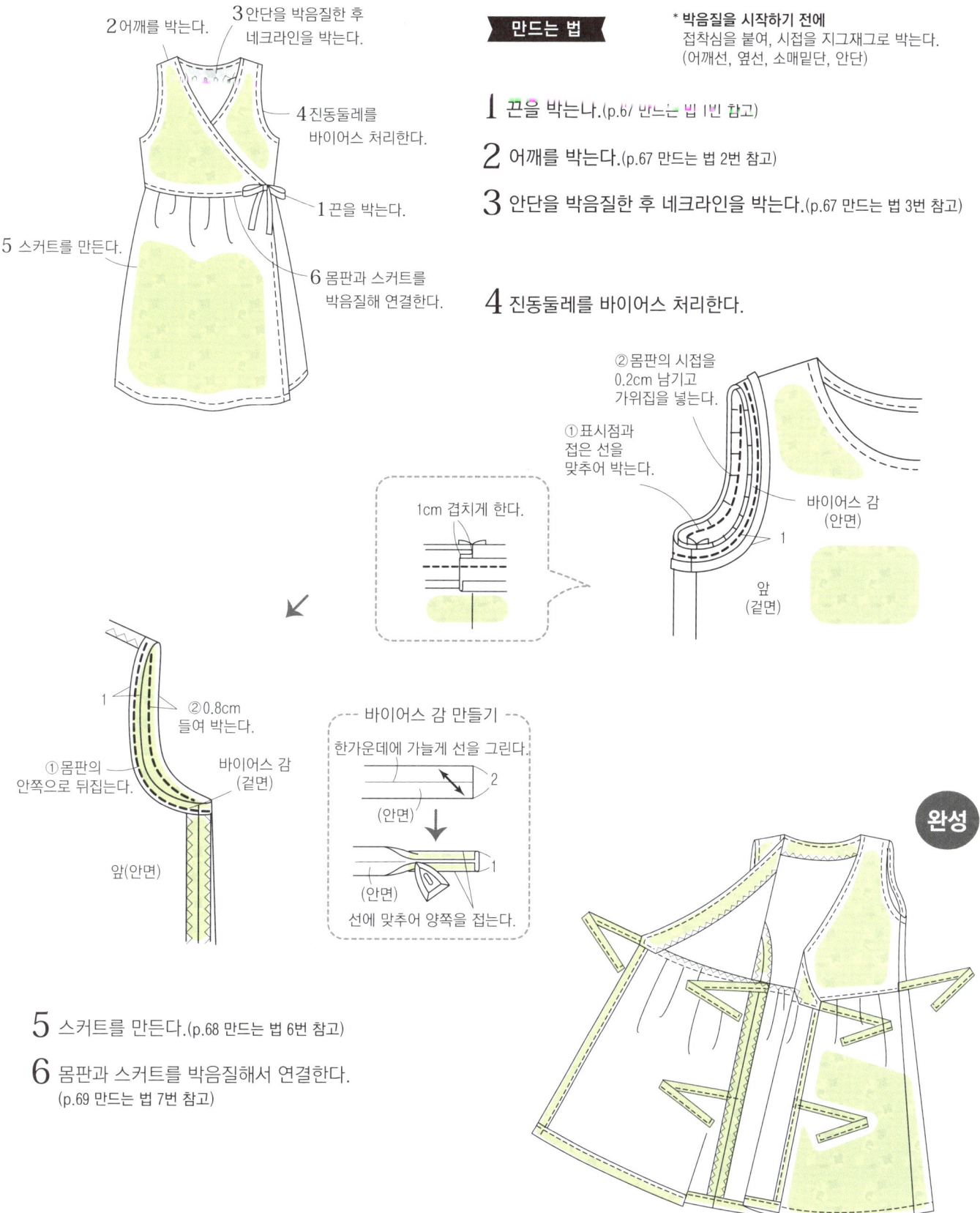

2 어깨를 박는다.

3 안단을 박음질한 후 네크라인을 박는다.

4 진동둘레를 바이어스 처리한다.

1 끈을 박는다.

5 스커트를 만든다.

6 몸판과 스커트를 박음질해 연결한다.

만드는 법

*박음질을 시작하기 전에
접착심을 붙여, 시접을 지그재그로 박는다.
(어깨선, 옆선, 소매밑단, 안단)

1 끈을 박는다.(p.67 만드는 법 1번 참고)

2 어깨를 박는다.(p.67 만드는 법 2번 참고)

3 안단을 박음질한 후 네크라인을 박는다.(p.67 만드는 법 3번 참고)

4 진동둘레를 바이어스 처리한다.

②몸판의 시접을
0.2cm 남기고
가위집을 넣는다.

①표시점과
접은 선을
맞추어 박는다.

바이어스 감
(안면)

1

앞
(겉면)

1cm 겹치게 한다.

①몸판의
안쪽으로 뒤집는다.

②0.8cm
들여 박는다.

1

바이어스 감
(겉면)

앞(안면)

바이어스 감 만들기

한가운데에 가늘게 선을 그린다.

2

(안면)

1

(안면)

선에 맞추어 양쪽을 접는다.

완성

5 스커트를 만든다.(p.68 만드는 법 6번 참고)

6 몸판과 스커트를 박음질해서 연결한다.
(p.69 만드는 법 7번 참고)

오픈 스타일
체크무늬 원피스

no.18 ⋯⋯⋯

두 가지 스타일로 입을 수 있어 실용적
인 원피스. 캐주얼한 체크무늬와 플랫
칼라가 사랑스러운 느낌을 줘요. 허리
리본으로 실루엣을 조절하면 맵시 있
게 연출할 수 있어요.

앞 단추를 열어서 코트처럼 입을
수도 있어요. 청바지 같은 캐주얼
팬츠를 코디하면 잘 어울린답니다.

no.18

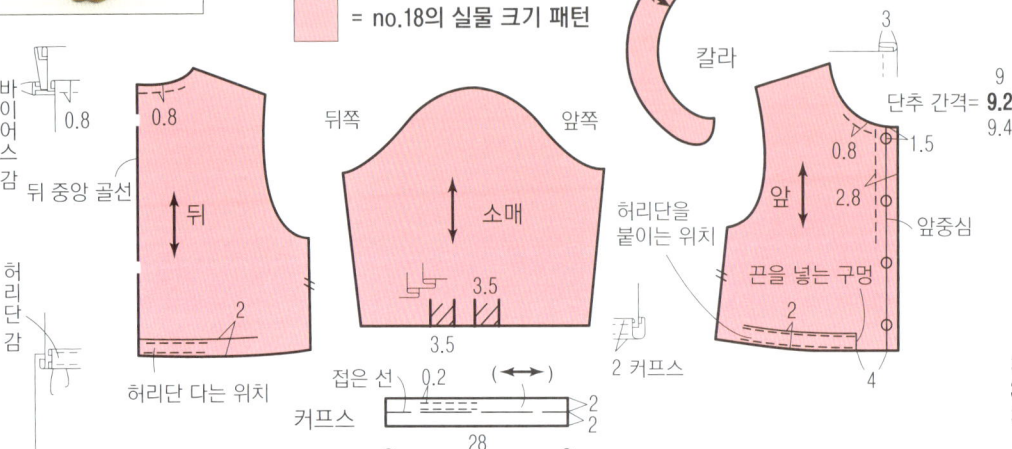

재료		S	M	L
겉감(면 · 폴리에스테르 혼방)	108cm 폭	3m30cm	3m40cm	3m40cm
단추	지름 1cm	10개	10개	10개
완성 치수	옷 길이	109cm	113cm	114cm

패턴 사용법

- **실물 크기 패턴** : B면 no.18을 사용한다.
- **사용하는 패턴 부위** : 앞 · 뒤 · 칼라 · 소매 · 앞뒤 스커트 · 주머니
- 커프스, 허리단, 허리끈, 바이어스는 패턴이 없으므로 각자 그리도록 한다.

▨ = no.18의 실물 크기 패턴

겉감 재단 배치도

* 바이어스 감은 길이를 여유 있게 준비해 치수에 맞춘 후 남은 부분을 자른다.

바이어스 감
(길이 약 55cm 1장)

뒤 중앙 골선
칼라

겉면

0.8
0.8
뒤쪽 · 소매 · 앞쪽
뒤 중앙 골선
바이어스 감
허리단 감
뒤
소매
3.5
3.5
2 커프스
허리단 다는 위치
접은 선 0.2
커프스
28 / **29** / 30
2 / 2

칼라

허리단을 붙이는 위치
끈을 넣는 구멍

3
9 / 9.2 / 9.4
단추 간격 = **9.2**
0.8
1.5
앞
2.8
앞중심
2
4

칼라 커프스
0 / 30 · **31** · 32 / 6

소매
1.5 / 1.5
허리끈 감 (1장)
1.5
앞
앞중심
1.5
6
허리단 감 (1장)

330 / **340** / 340

1 / 1.5 / 1
뒤
1 / 1.5
1
1.5
3
1 / 1
주머니 100 · **106** · 112

17 · **17** · 18

뒤 스커트
1.5

만드는 순서

3 어깨를 박는다.
4 칼라를 만들어서 몸판에 달고 앞섶을 박는다.
6 소매를 붙인다.
7 소매밑단 · 옆선 · 밑단을 박는다.
5 소매에 커프스를 단다.
2 주름을 잡은 후 몸판과 스커트를 박음질해 연결한다.
8 허리단을 붙인다.
1 주머니를 만들어서 단다.
9 끈을 만든다.

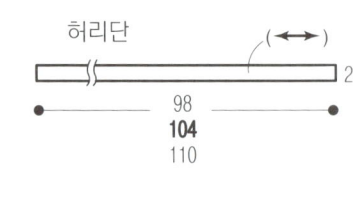

0.5
주름을 잡는다
3.5
1.8
주머니 (앞쪽만)
2.8
0.2
앞뒤 스커트
뒤 중앙 골선
1.5 앞섶 (앞쪽만)
1.8

허리단 (←→)
2
98 / **104** / 110

1
뒤 스커트
1.5
3

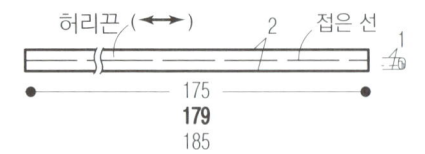

허리끈 (←→) 2 접은 선 1
175 / **179** / 185

1
1.5 앞중심 6
앞 스커트
3
골선
108cm 폭

*치수 참고하기
숫자가 3개 있는 것은
상 : S 사이즈,
중 : M 사이즈,
하 : L 사이즈이며,
숫자가 1개만 있는 것은 공통

만드는 법

*** 박음질을 시작하기 전에**
시접을 지그재그로 박는다.
(어깨선, 옆선, 소매밑단)

1 주머니를 만들어서 단다.

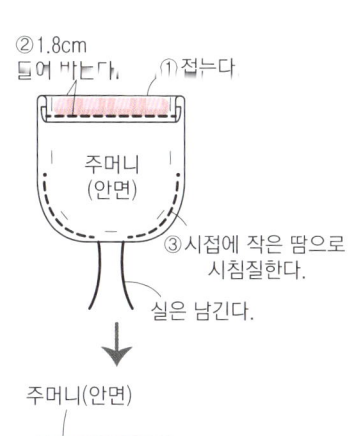

②1.8cm
들어 박는다
①접는다
주머니
(안면)
③시접에 작은 땀으로
시침질한다.
실은 남긴다.

주머니(안면)
두꺼운
종이
두꺼운 종이를 대고
실을 당겨서
곡선을 만든다.

지그재그로
박는다.
앞(겉면) 0.5
주머니
(겉면)
0.2cm
안으로 박는다.

2 주름을 잡은 후 몸판과 스커트를 박음질해 연결한다.

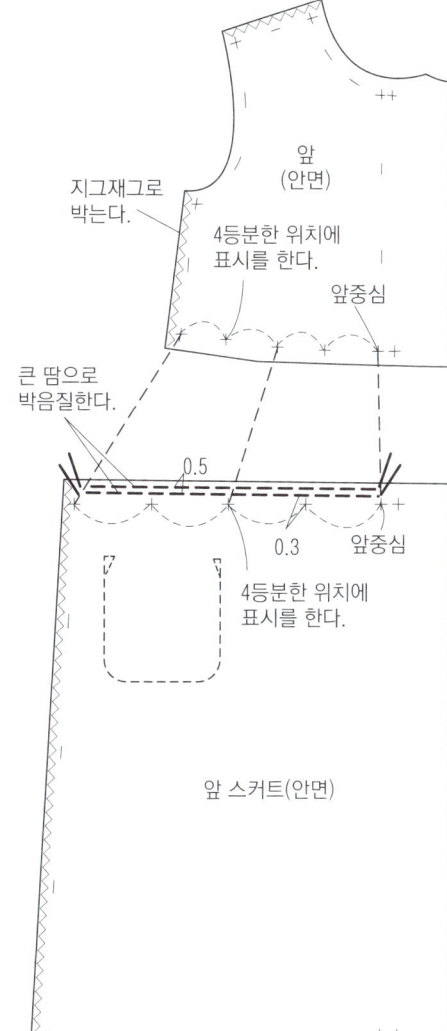

앞
(안면)
지그재그로
박는다.
4등분한 위치에
표시를 한다.
앞중심
큰 땀으로
박음질한다.
0.5
0.3 앞중심
4등분한 위치에
표시를 한다.
앞 스커트(안면)

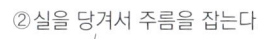

②실을 당겨서 주름을 잡는다.
④2장을 함께 지그재그로 박는다.
③박는다.
①맞춤점을 맞추어
시침핀을 꽂는다.
앞 스커트(안면)
앞
(안면)

3 어깨를 박는다.

뒤(겉면)
①박는다.
②가른다.
앞
(안면)

4 칼라를 만들어서 몸판에 달고 앞섶을 붙인다.

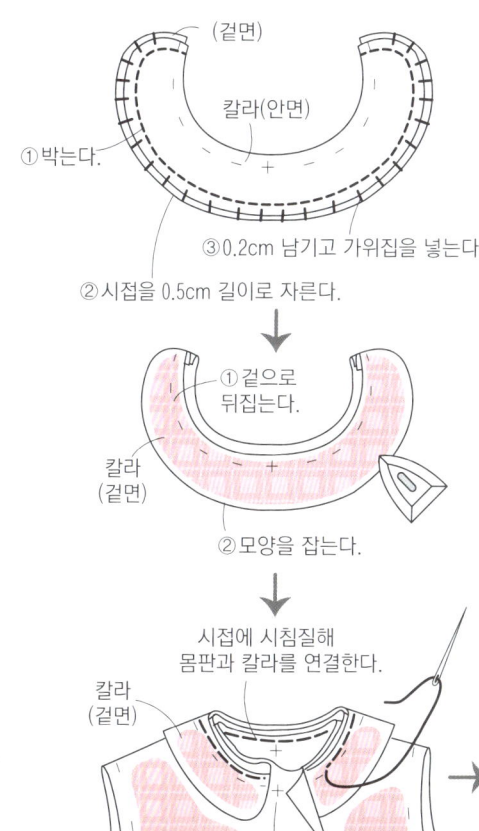

(겉면)
칼라(안면)
①박는다.
③0.2cm 남기고 가위집을 넣는다.
②시접을 0.5cm 길이로 자른다.

①겉으로
뒤집는다.
칼라
(겉면)
②모양을 잡는다.

시접에 시침질해
몸판과 칼라를 연결한다.
칼라
(겉면)
앞(겉면)
중심선에
칼라
끝부분을
맞춘다.

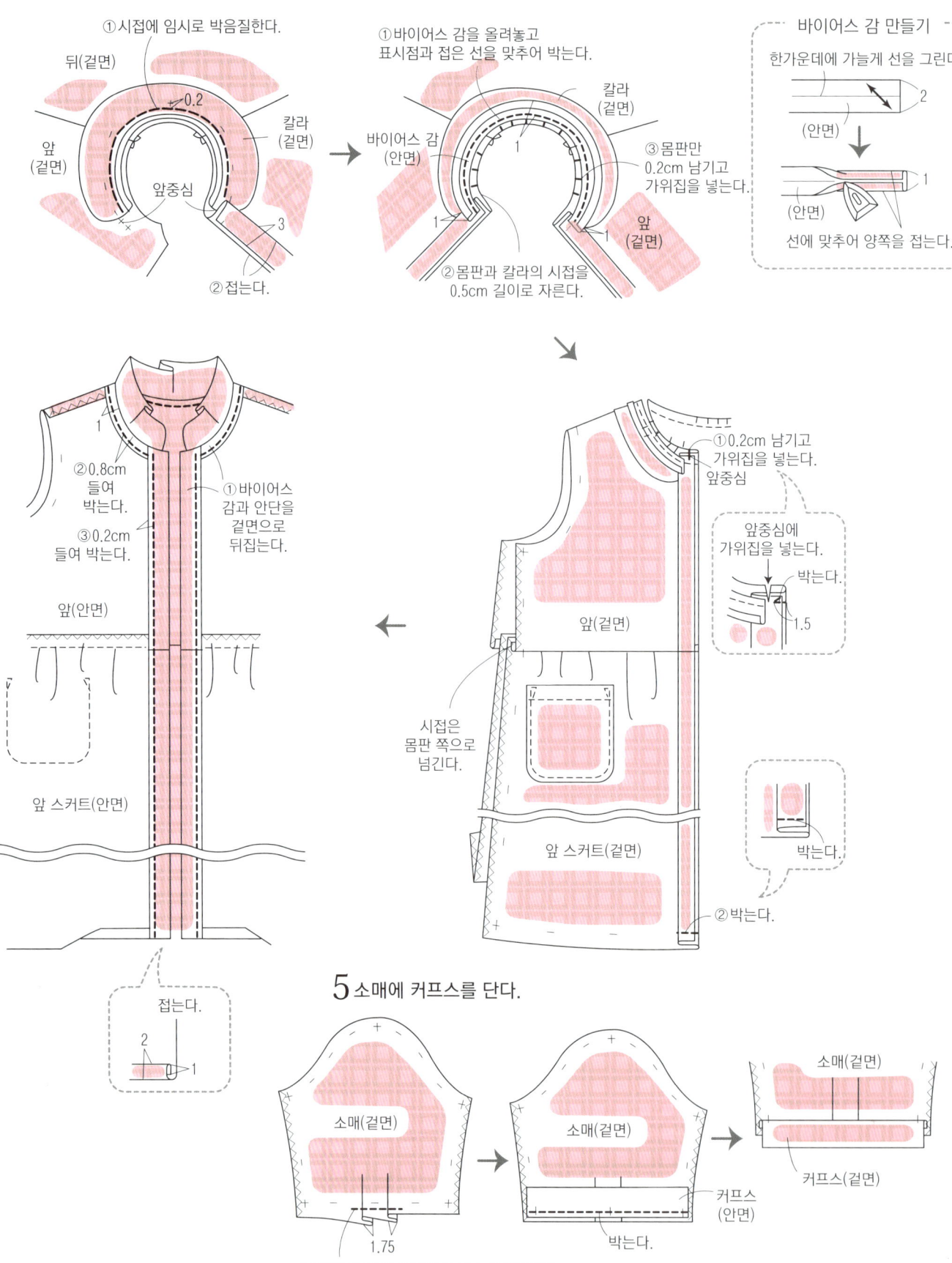

① 시접에 임시로 박음질한다.

뒤(겉면)

0.2

앞(겉면)

칼라(겉면)

앞중심

3

② 접는다.

① 바이어스 감을 올려놓고 표시점과 접은 선을 맞추어 박는다.

칼라(겉면)

바이어스 감(안면)

③ 몸판만 0.2cm 남기고 가위집을 넣는다.

앞(겉면)

1

1

② 몸판과 칼라의 시접을 0.5cm 길이로 자른다.

바이어스 감 만들기

한가운데에 가늘게 선을 그린다.

(안면) 2

(안면) 1

선에 맞추어 양쪽을 접는다.

① 0.2cm 남기고 가위집을 넣는다.

앞중심

앞중심에 가위집을 넣는다.

박는다.

1.5

앞(겉면)

앞 스커트(겉면)

시접은 몸판 쪽으로 넘긴다.

박는다.

② 박는다.

② 0.8cm 들여 박는다.

③ 0.2cm 들여 박는다.

① 바이어스 감과 안단을 겉면으로 뒤집는다.

앞(안면)

앞 스커트(안면)

접는다.

2

1

5 소매에 커프스를 단다.

소매(겉면)

소매(겉면)

소매(겉면)

커프스(겉면)

커프스(안면)

박는다.

1.75

주름(턱)을 접어 시접에 임시로 박음질한다.

6 소매를 단다.

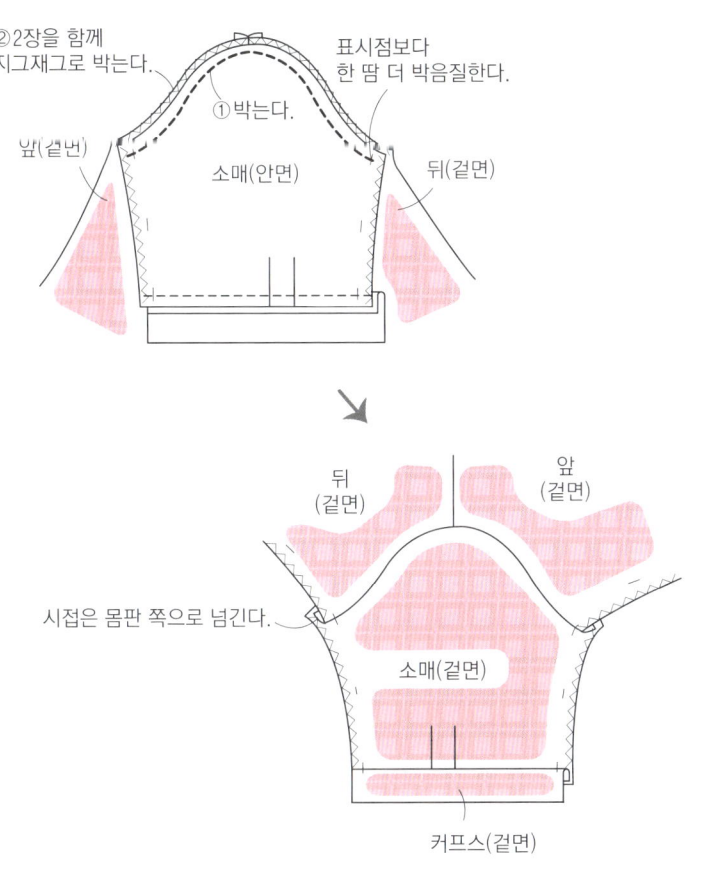

②2장을 함께
지그재그로 박는다.

표시점보다
한 땀 더 박음질한다.

①박는다.

앞(겉면)

소매(안면)

뒤(겉면)

시접은 몸판 쪽으로 넘긴다.

뒤(겉면)

앞(겉면)

소매(겉면)

커프스(겉면)

7 소매밑단·옆선·밑단을 박는다.

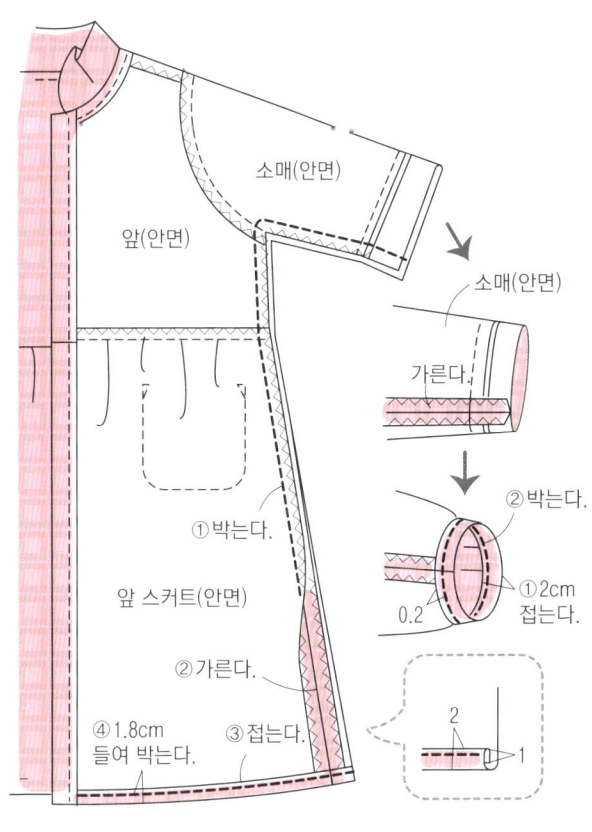

소매(안면)

앞(안면)

소매(안면)

가른다.

①박는다.

앞 스커트(안면)

②가른다.

②박는다.

①2cm 접는다.

0.2

④1.8cm 들여 박는다.

③접는다.

2

1

8 허리단을 만들어서 단다.

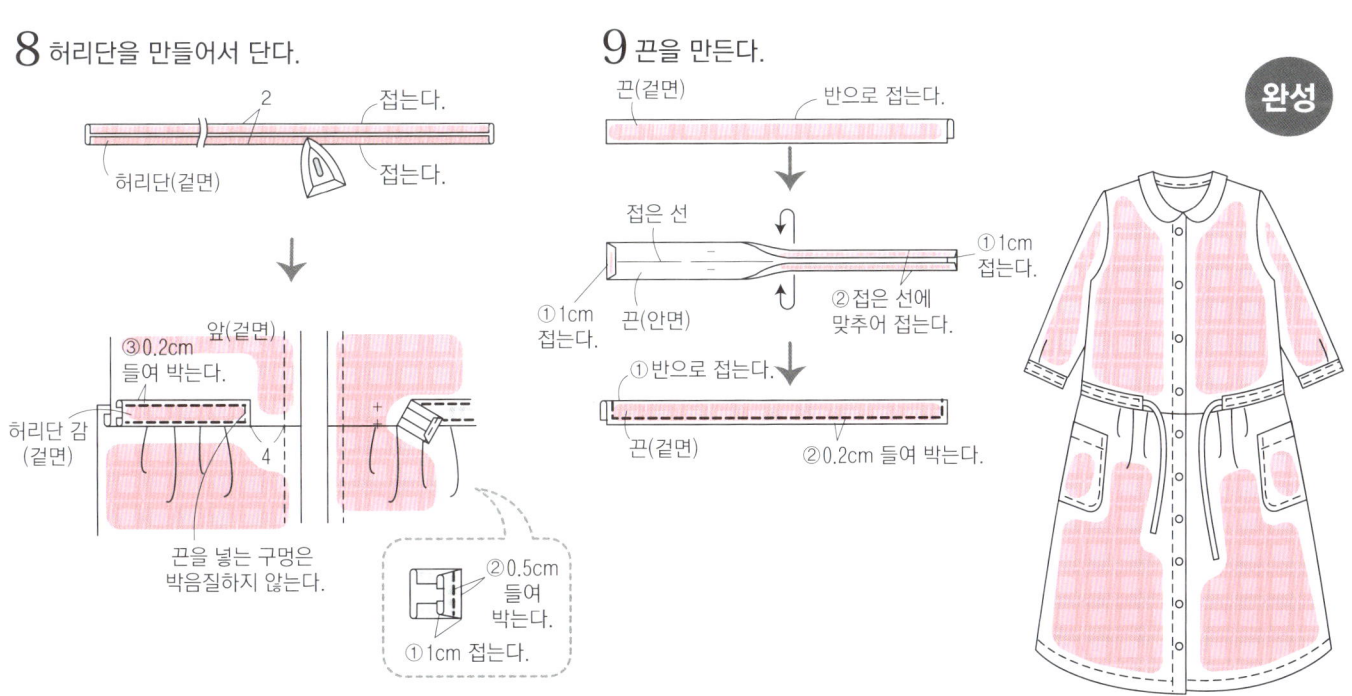

2

접는다.

허리단(겉면)

접는다.

③0.2cm 들여 박는다.

앞(겉면)

허리단 감
(겉면)

4

끈을 넣는 구멍은
박음질하지 않는다.

②0.5cm 들여 박는다.

①1cm 접는다.

9 끈을 만든다.

끈(겉면)

반으로 접는다.

접은 선

①1cm 접는다.

끈(안면)

②접은 선에 맞추어 접는다.

①반으로 접는다.

끈(겉면)

②0.2cm 들여 박는다.

완성

77

플랫칼라 원피스 A

🌿 반소매

*no.*19 ·······

시원한 블루 컬러에 프랑스풍의 프
린트가 귀여운 여름 원피스. 촉감
이 좋은 면 소재를 사용해 활동성
이 좋고 땀 흡수도 잘 된답니다.

플랫칼라 원피스 B

🌿 7부 소매

*no.*20

no.19의 원피스와 같은 디자인에 소매길이를 7부로 만들었어요. 더블거즈 소재를 사용해 부드러운 착용감이 매력이랍니다. 피부 톤과 취향에 따라 색상을 선택해 나만의 스타일을 연출해보세요.

no.19

재료		S	M	L
겉감(면 새틴)	110cm 폭	3m	3m10cm	3m10cm
단추	지름 1cm	4개	4개	4개
완성 치수	옷길이	103cm	106.5cm	107.5cm

*치수 참고하기
숫자가 3개 있는 것은
상 : S 사이즈,
중 : M 사이즈,
하 : L 사이즈이며,
숫자가 1개만 있는 것은 공통

▶ 패턴 사용법

- **실물 크기 패턴** : B면 no.18을 사용한다.
- **사용하는 패턴 부위** : 앞, 뒤, 칼라, 소매, 앞뒤 스커트
- 커프스, 바이어스 감은 패턴이 없으므로 각자 그리도록 한다.
- **패턴 고치는 방법** : 스커트의 패턴은 no.18의 뒤 스커트를 앞뒤 스커트로 사용한다.
  no.18보다 스커트 길이와 소매 길이를 짧게 한다.

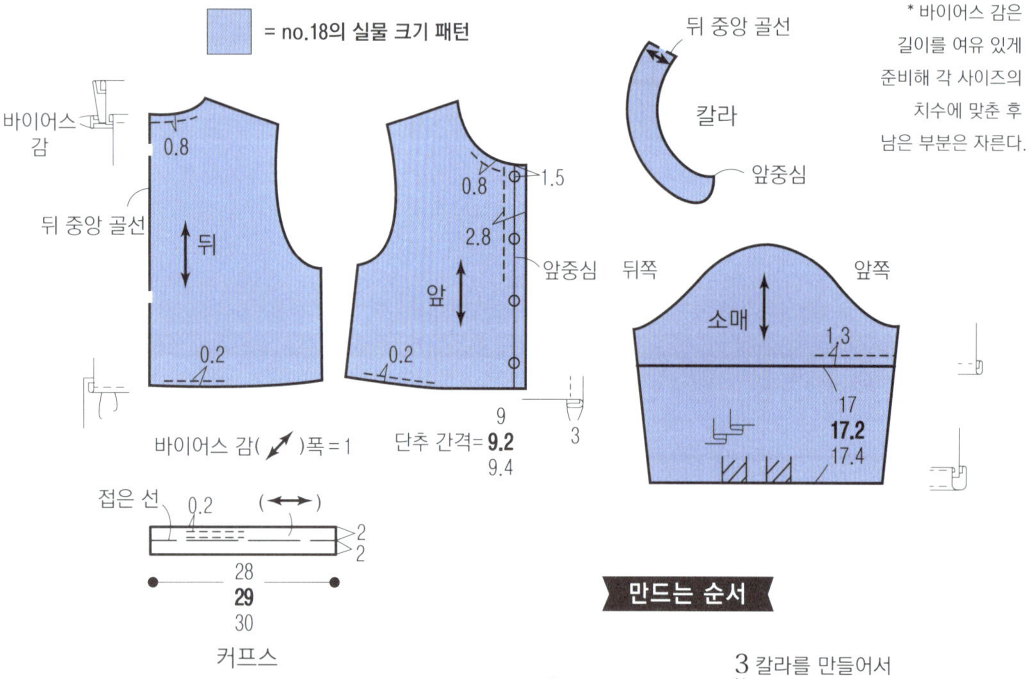

▶ 겉감 재단 배치도

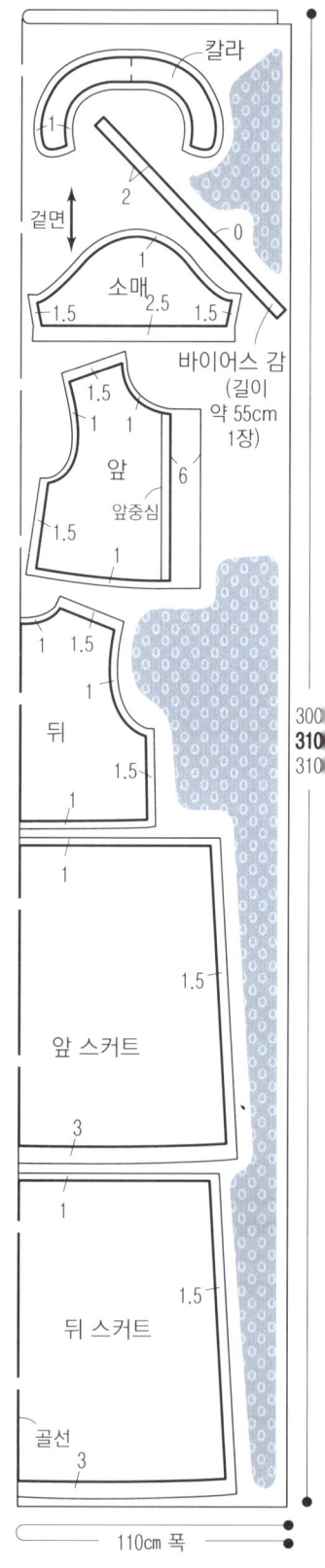

□ = no.18의 실물 크기 패턴

* 바이어스 감은
길이를 여유 있게
준비해 각 사이즈의
치수에 맞춘 후
남은 부분은 자른다.

바이어스 감

뒤 중앙 골선

뒤 중앙 골선

칼라

앞중심

뒤쪽   앞쪽

0.8

뒤

0.2

앞

0.8
1.5
2.8

앞중심

0.2

소매

1.3
17
17.2
17.4

바이어스 감(◢)폭 = 1

단추 간격 = **9.2**
9.4

9

3

접은 선   0.2   (◄►)

2
2

28
29
30

커프스

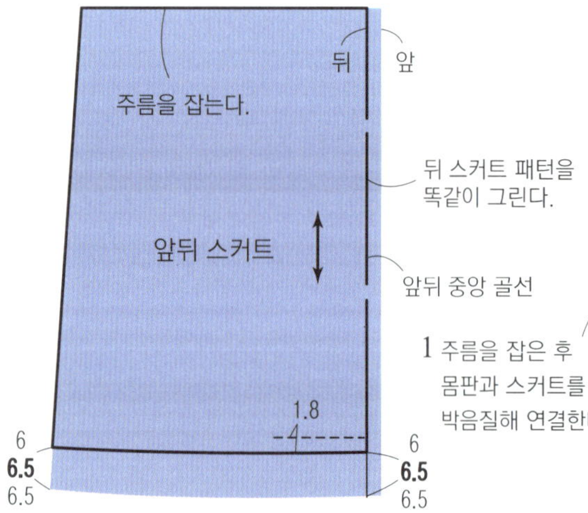

▶ 만드는 순서

주름을 잡는다.

뒤   앞

뒤 스커트 패턴을
똑같이 그린다.

앞뒤 스커트

앞뒤 중앙 골선

6   6
6.5   **6.5**
6.5   6.5

1.8

2 어깨를 박는다.

3 칼라를 만들어서
몸판에 달고 앞섶을 붙인다.

4 소매를 단다.
(소맷부리 만드는 법은
p.27 참고)

5 소매밑단 · 옆선 ·
밑단을 박는다.

1 주름을 잡은 후
몸판과 스커트를
박음질해 연결한다.

칼라

앞중심

소매

칼라   300
310
310

앞

앞중심

6

뒤

앞 스커트

3

뒤 스커트

골선

3

110cm 폭

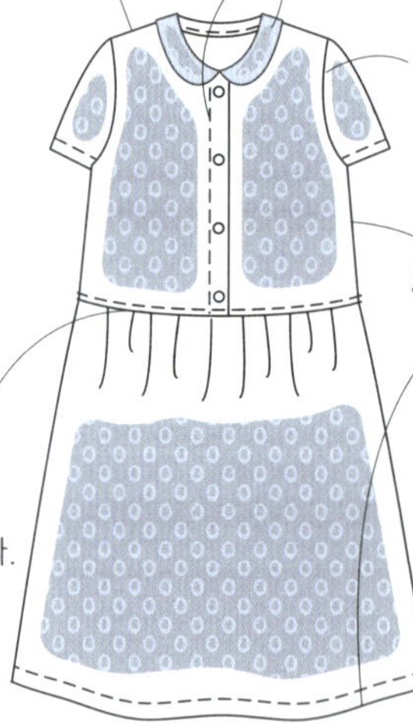

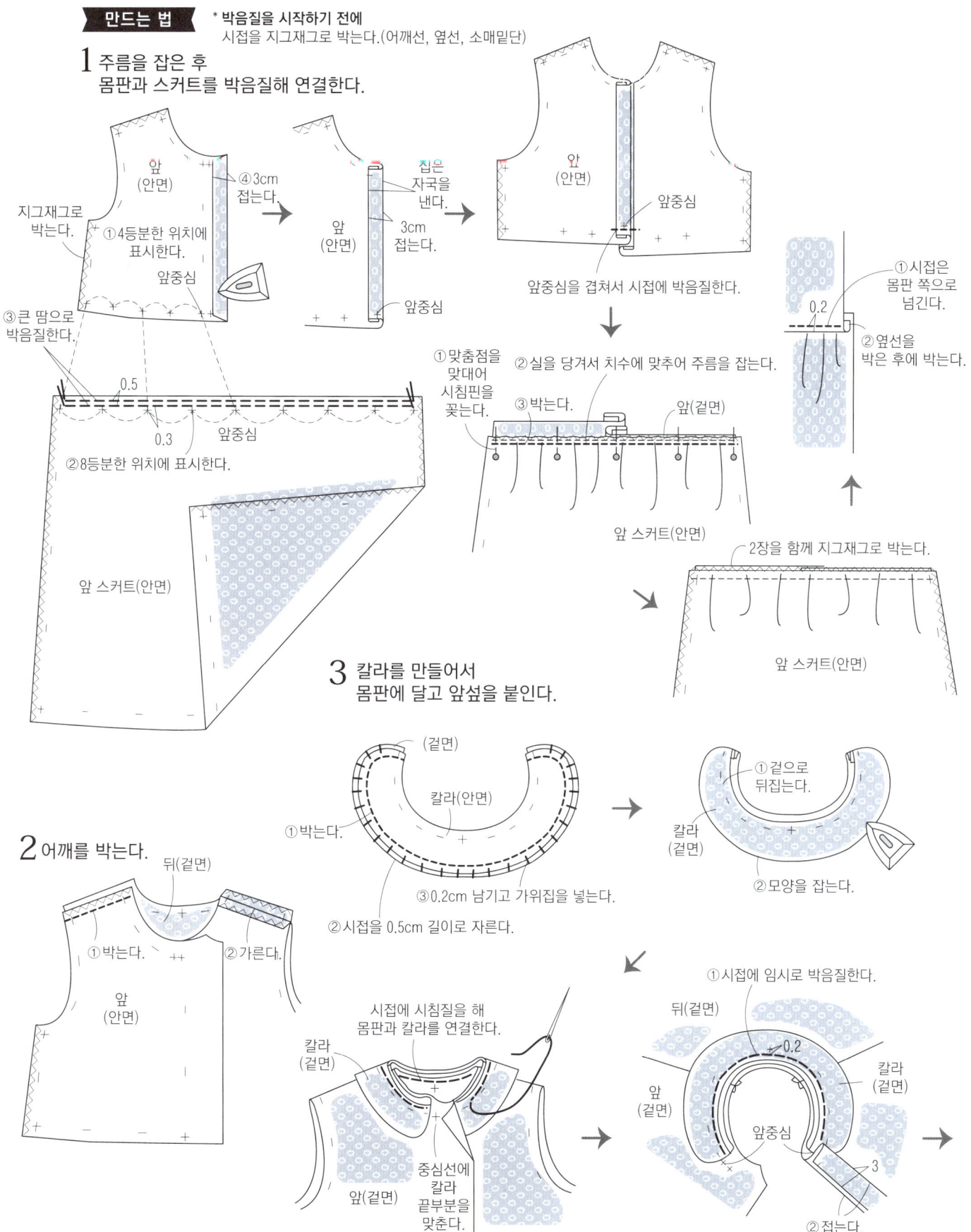

만드는 법   * 박음질을 시작하기 전에
시접을 지그재그로 박는다.(어깨선, 옆선, 소매밑단)

1 주름을 잡은 후
몸판과 스커트를 박음질해 연결한다.

앞
(안면)

④3cm
접는다.

지그재그로
박는다.

①4등분한 위치에
표시한다.

앞중심

③큰 땀으로
박음질한다.

0.5

0.3   앞중심

②8등분한 위치에 표시한다.

앞 스커트(안면)

집은
자국을
낸다.

앞
(안면)

3cm
접는다.

앞중심

앞
(안면)

앞중심

앞중심을 겹쳐서 시접에 박음질한다.

①맞춤점을
맞대어
시침핀을
꽂는다.

②실을 당겨서 치수에 맞추어 주름을 잡는다.

③박는다.

앞(겉면)

앞 스커트(안면)

①시접은
몸판 쪽으로
넘긴다.

0.2

②옆선을
박은 후에 박는다.

2장을 함께 지그재그로 박는다.

앞 스커트(안면)

3 칼라를 만들어서
몸판에 달고 앞섶을 붙인다.

(겉면)

칼라(안면)

①박는다.

③0.2cm 남기고 가위집을 넣는다.

②시접을 0.5cm 길이로 자른다.

①겉으로
뒤집는다.

칼라
(겉면)

②모양을 잡는다.

2 어깨를 박는다.

뒤(겉면)

①박는다.   ++

②가른다.

앞
(안면)

시접에 시침질을 해
몸판과 칼라를 연결한다.

칼라
(겉면)

앞(겉면)

중심선에
칼라
끝부분을
맞춘다.

①시접에 임시로 박음질한다.

뒤(겉면)

0.2

앞
(겉면)

칼라
(겉면)

앞중심

3

②접는다.

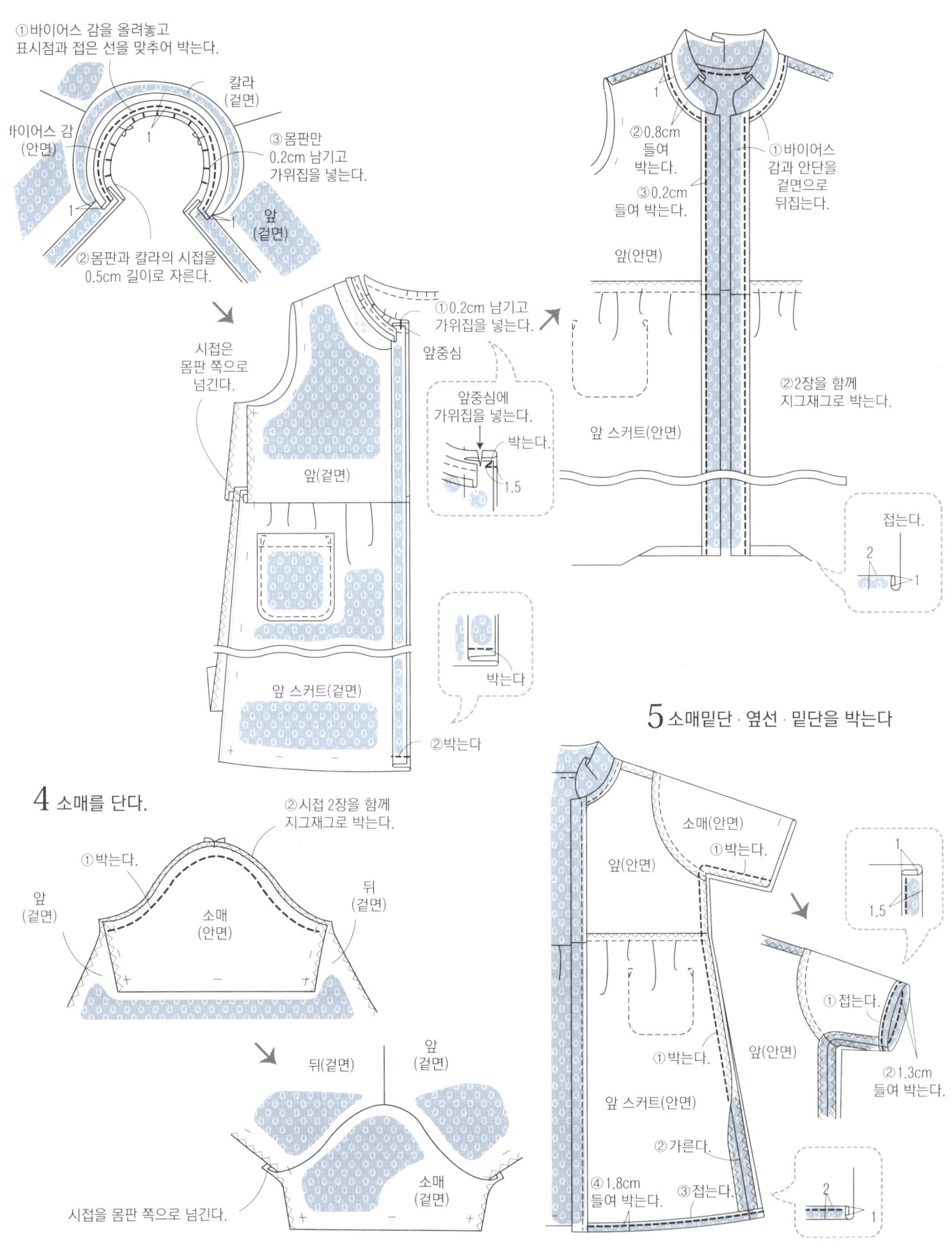

①바이어스 감을 올려놓고
표시점과 접은 선을 맞추어 박는다.

바이어스 감
(안면)

칼라
(겉면)

③몸판만
0.2cm 남기고
가위집을 넣는다.

②몸판과 칼라의 시접을
0.5cm 길이로 자른다.

앞
(겉면)

시접은
몸판 쪽으로
넘긴다.

①0.2cm 남기고
가위집을 넣는다.

앞중심

앞중심에
가위집을 넣는다.

박는다.

1.5

앞(겉면)

앞 스커트(겉면)

②박는다

박는다

②0.8cm
들여
박는다.

③0.2cm
들여 박는다.

①바이어스
감과 안단을
겉면으로
뒤집는다.

앞(안면)

②2장을 함께
지그재그로 박는다.

앞 스커트(안면)

접는다.

2

1

5 소매밑단 · 옆선 · 밑단을 박는다

4 소매를 단다.

②시접 2장을 함께
지그재그로 박는다.

①박는다.

앞
(겉면)

소매
(안면)

뒤
(겉면)

뒤(겉면)

앞
(겉면)

소매
(안면)

소매
(겉면)

시접을 몸판 쪽으로 넘긴다.

소매(안면)

①박는다.

앞(안면)

①박는다.

앞 스커트(안면)

②가른다.

③접는다.

④1.8cm
들여 박는다.

앞(안면)

1

1.5

①접는다.

②1.3cm
들여 박는다.

2

1

no.
20

재료		S	M	L
겉감(더블거즈)	110cm 폭	3m10cm	3m20cm	3m20cm
단추	지름 1cm	4개	4개	4개
완성 치수	옷길이	103cm	106.5cm	107.5cm

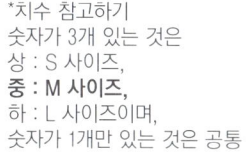 **패턴 사용법**

- **실물 크기 패턴** : B면 no.18을 사용한다.
- **사용하는 패턴 부위** : 앞, 뒤, 칼라, 소매, 앞뒤 스커트
- 커프스, 바이어스 감은 패턴이 없으므로 각자 그리도록 한다.
- **패턴 고치는 방법** : 스커트의 패턴은 no.18의 뒤 스커트를 앞뒤 스커트로 사용한다.
  스커트 길이를 짧게 한다.

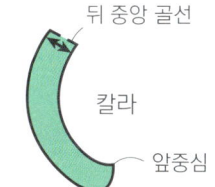 = no.18의 실물 크기 패턴

*치수 참고하기
숫자가 3개 있는 것은
상 : S 사이즈,
중 : M 사이즈,
하 : L 사이즈이며,
숫자가 1개만 있는 것은 공통

겉감 재단 배치도

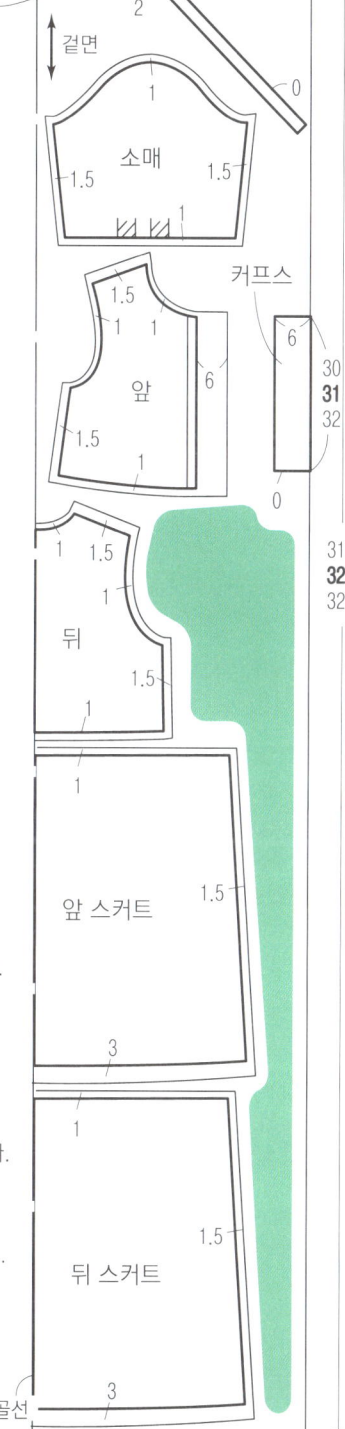

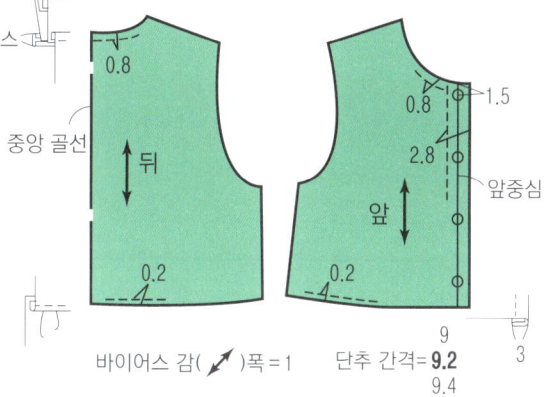

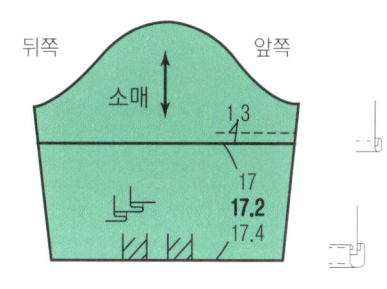

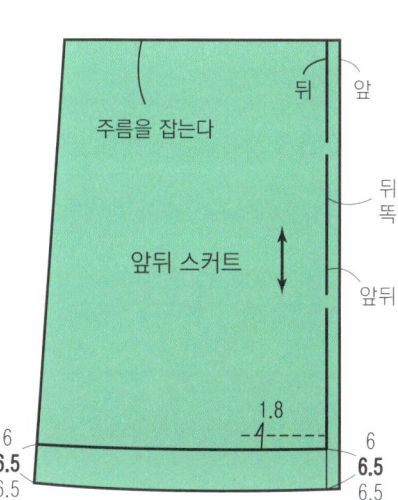

 **만드는 순서**

* 박음질을 시작하기 전에
시접을 지그재그로 박는다.
(어깨선, 옆선, 소매밑단)

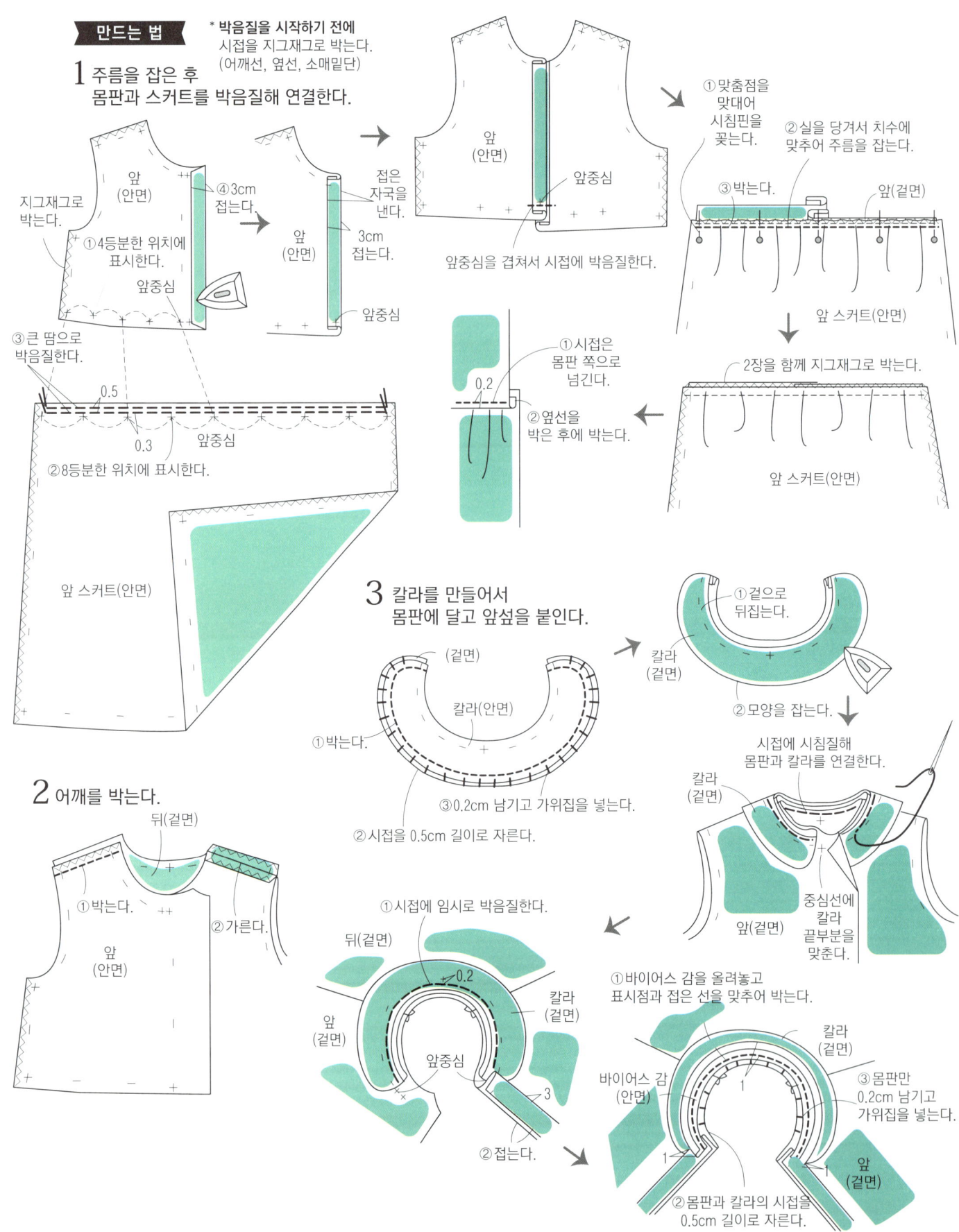

1 주름을 잡은 후
몸판과 스커트를 박음질해 연결한다.

지그재그로
박는다.

앞
(안면)

①4등분한 위치에
표시한다.

앞중심

④3cm
접는다

앞
(안면)

3cm
접는다.

접은
자국을
낸다.

③큰 땀으로
박음질한다.

0.5

0.3

앞중심

②8등분한 위치에 표시한다.

앞 스커트(안면)

앞
(안면)

앞중심

앞중심을 겹쳐서 시접에 박음질한다.

①맞춤점을
맞대어
시침핀을
꽂는다.

②실을 당겨서 치수에
맞추어 주름을 잡는다.

③박는다.

앞(겉면)

앞 스커트(안면)

2장을 함께 지그재그로 박는다.

앞 스커트(안면)

①시접은
몸판 쪽으로
넘긴다.

0.2

②옆선을
박은 후에 박는다.

3 칼라를 만들어서
몸판에 달고 앞섶을 붙인다.

(겉면)

칼라(안면)

①박는다.

③0.2cm 남기고 가위집을 넣는다.

②시접을 0.5cm 길이로 자른다.

①겉으로
뒤집는다.

칼라
(겉면)

②모양을 잡는다.

시접에 시침질해
몸판과 칼라를 연결한다.

칼라
(겉면)

앞(겉면)

중심선에
칼라
끝부분을
맞춘다.

2 어깨를 박는다.

뒤(겉면)

①박는다.

②가른다.

앞
(안면)

①시접에 임시로 박음질한다.

뒤(겉면)

0.2

앞
(겉면)

칼라
(겉면)

앞중심

3

②접는다.

①바이어스 감을 올려놓고
표시점과 접은 선을 맞추어 박는다.

칼라
(겉면)

바이어스 감
(안면)

1

③몸판만
0.2cm 남기고
가위집을 넣는다.

1

앞
(겉면)

1

②몸판과 칼라의 시접을
0.5cm 길이로 자른다.

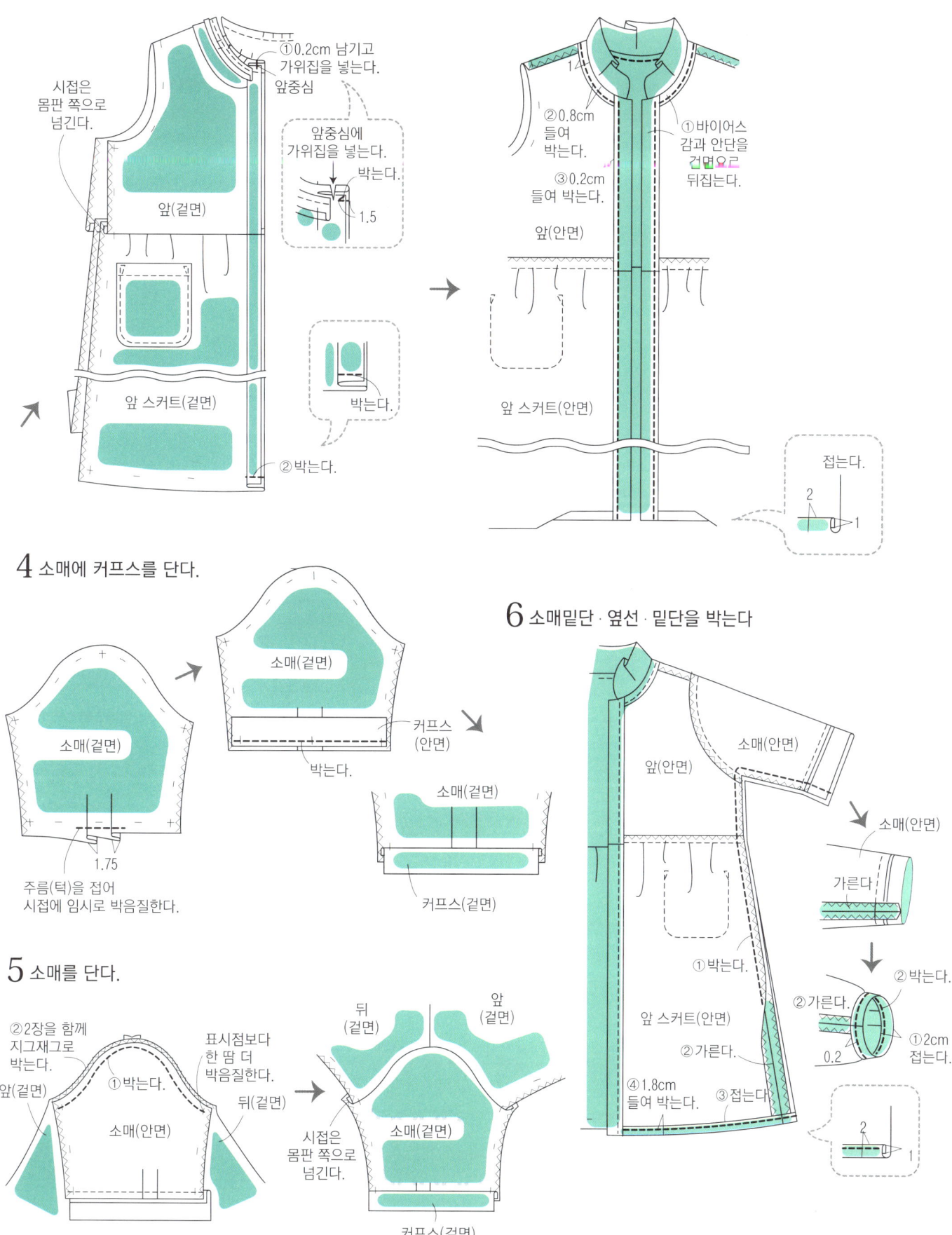

①0.2cm 남기고
가위집을 넣는다.

앞중심

시접은
몸판 쪽으로
넘긴다.

앞중심에
가위집을 넣는다.

박는다.

1.5

앞(겉면)

박는다.

앞 스커트(겉면)

②박는다.

①바이어스
감과 안단을
겉면으로
뒤집는다.

②0.8cm
들여
박는다.

③0.2cm
들여 박는다.

앞(안면)

앞 스커트(안면)

접는다.

2

1

4 소매에 커프스를 단다.

소매(겉면)

소매(겉면)

커프스
(안면)

박는다.

소매(겉면)

커프스(겉면)

1.75

주름(턱)을 접어
시접에 임시로 박음질한다.

6 소매밑단 · 옆선 · 밑단을 박는다

앞(안면)

소매(안면)

소매(안면)

가른다

①박는다.

②박는다.

②가른다.

앞 스커트(안면)

②가른다.

③접는다

①2cm
접는다.

0.2

④1.8cm
들여 박는다.

2

1

5 소매를 단다.

②2장을 함께
지그재그로
박는다.

앞(겉면)

①박는다.

뒤
(겉면)

앞
(겉면)

표시점보다
한 땀 더
박음질한다.

뒤(겉면)

소매(안면)

소매(겉면)

시접은
몸판 쪽으로
넘긴다.

커프스(겉면)

페플럼(러플)
투 컬러 원피스

no. *21* ·········

허리라인의 페플럼이 무척 여성스러운
원피스. 페플럼 원피스란 허리선 아랫부
분에 작은 러플을 넣은 원피스를 가리
켜요. 위아래 다른 원단을 배합해 언뜻
보기에 투피스처럼 보인답니다.

페플럼(러플)
꽃무늬 원피스

no.22

no.21의 원피스와 디자인은 같고 원단의 색깔만 달라요. 잔잔한 꽃무늬 원단으로 만들어 여성스러우면서도 귀여운 느낌이 나요.

no.**21**

재료		S	M	L
겉감(고시보 조직 폴리에스테르 원단, 흰색)	112cm 폭	1m50cm	1m60cm	1m60cm
배색천(고시보 조직 폴리에스테르 원단, 갈색)	112cm 폭	1m60cm	1m70cm	1m70cm
고무테이프	1cm 폭	72cm	76cm	82cm
완성 치수	옷 길이	97cm	100.5cm	101.5cm

* 고시보 : 까슬까슬하고 구김이 가지 않는 조직의 원단으로 하늘하늘하며 찰랑거리는 특징이 있다.

패턴 사용법

- **실물 크기 패턴** : B면 no.21을 사용한다.
- **사용하는 패턴 부위** : 앞뒤, 앞뒤 스커트, 프릴
- 바이어스 감은 패턴이 없으므로 각자 그리도록 한다.

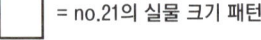 = no.21의 실물 크기 패턴

만드는 순서

1 어깨를 박는다.   2 네크라인을 박는다.

6 허리둘레선을 박는다.

4 프릴을 만든다.

3 옆선·소맷부리를 박는다.

5 스커트를 만든다.

*치수 참고하기
숫자가 3개 있는 것은
상 : S 사이즈,
중 : M 사이즈,
하 : L 사이즈이며,
숫자가 1개만 있는 것은 공통

* 바이어스 감은 길이를 여유 있게 준비해
각 사이즈의 치수에 맞춘 후 남은 부분은 자른다.

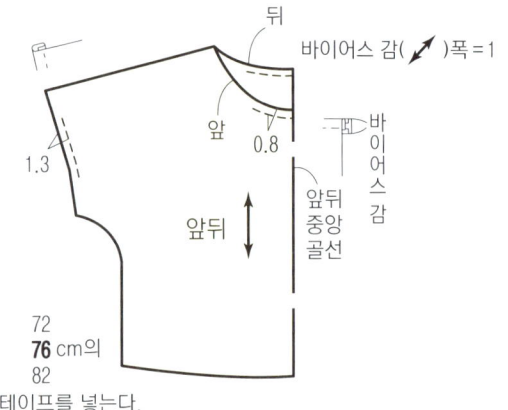

뒤
바이어스 감(✐)폭 = 1
앞
0.8
1.3
앞뒤
앞뒤중앙골선
바이어스 감

72
76 cm의
82
고무테이프를 넣는다.
(시접 2cm 포함)

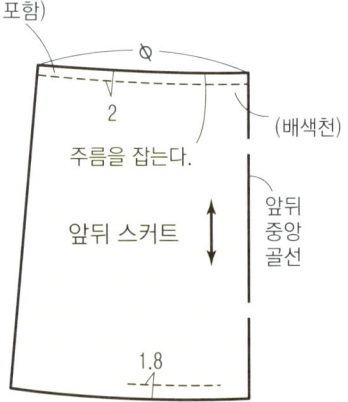

2
주름을 잡는다.
(배색천)
앞뒤 스커트
앞뒤중앙골선
1.8

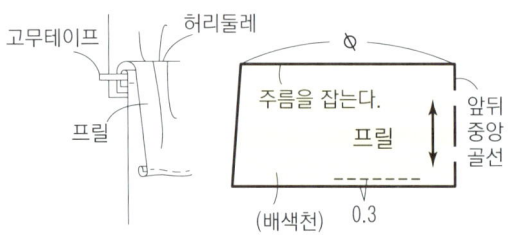

고무테이프
허리둘레
프릴
주름을 잡는다.
프릴
앞뒤중앙골선
(배색천) 0.3

겉감 재단 배치도

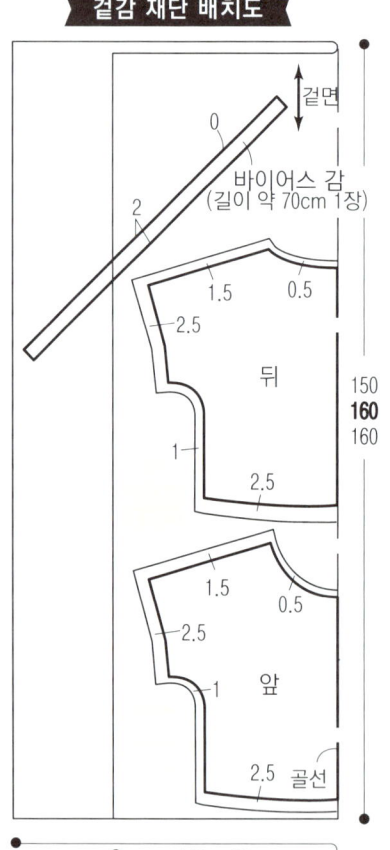

0
바이어스 감
(길이 약 70cm 1장)
2
겉면
1.5 0.5
2.5
뒤
1
2.5
150
160
160
1.5 0.5
2.5
앞
1
2.5 골선
112cm 폭

배색천 재단 배치도

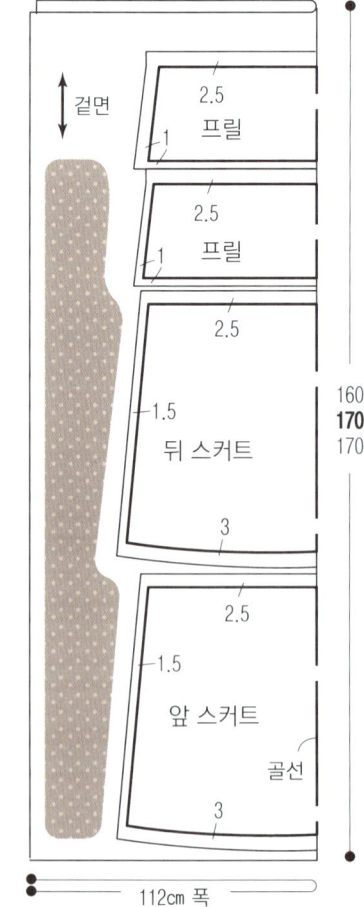

겉면
2.5
프릴
1
2.5
프릴
1
2.5
1.5
뒤 스커트
3
2.5
1.5
앞 스커트
3
골선
160
170
170
112cm 폭

88

1 어깨를 박는다.

* 박음질을 시작하기 전에
시접을 지그재그로 박는다.
(어깨선, 옆선)

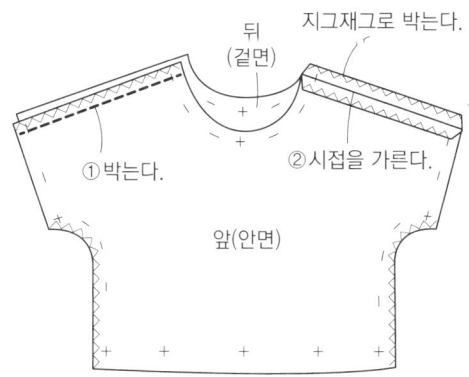

뒤
(겉면)
지그재그로 박는다.
①박는다.
②시접을 가른다.
앞(안면)

바이어스 감 만들기

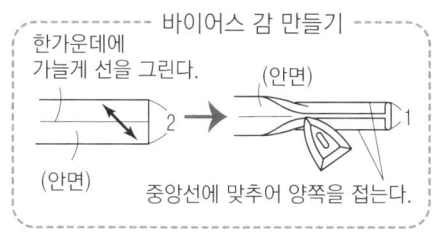

한가운데에
가늘게 선을 그린다.
(안면)
(안면)
2
(안면)
1
중앙선에 맞추어 양쪽을 접는다.

2 네크라인을 박는다.

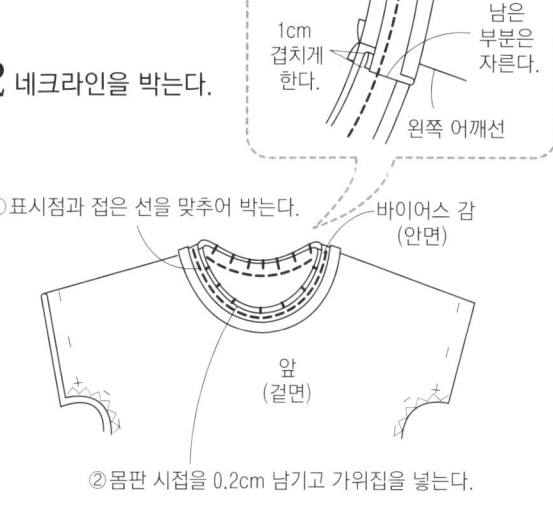

1cm
겹치게
한다.
남은
부분은
자른다.
왼쪽 어깨선

①표시점과 접은 선을 맞추어 박는다.
바이어스 감
(안면)

앞
(겉면)

②몸판 시접을 0.2cm 남기고 가위집을 넣는다.

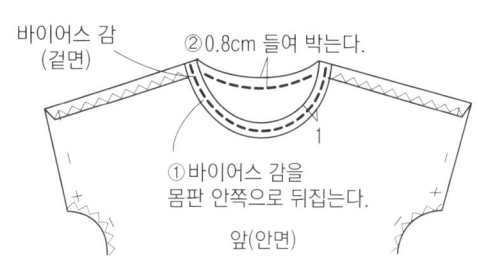

바이어스 감
(겉면)
②0.8cm 들여 박는다.
①바이어스 감을
몸판 안쪽으로 뒤집는다.
앞(안면)

3 옆선 · 소맷부리를 박는다.

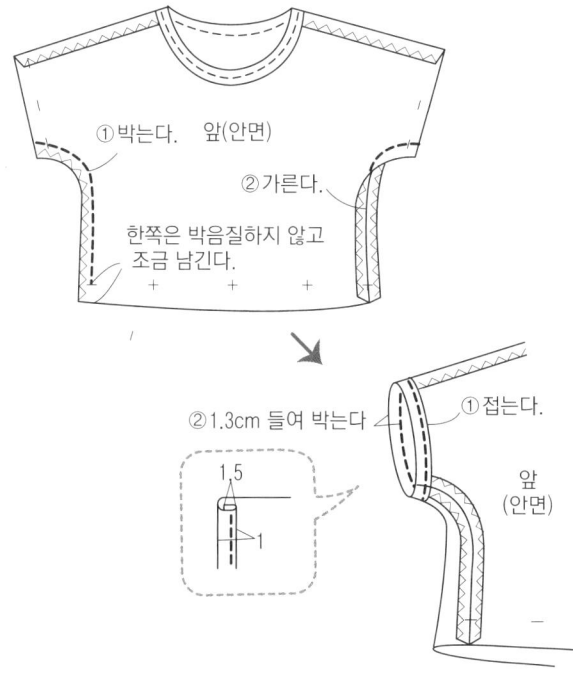

①박는다.
앞(안면)
②가른다.
한쪽은 박음질하지 않고
조금 남긴다.

②1.3cm 들여 박는다
①접는다.
앞
(안면)
1.5
1

4 프릴을 만든다.

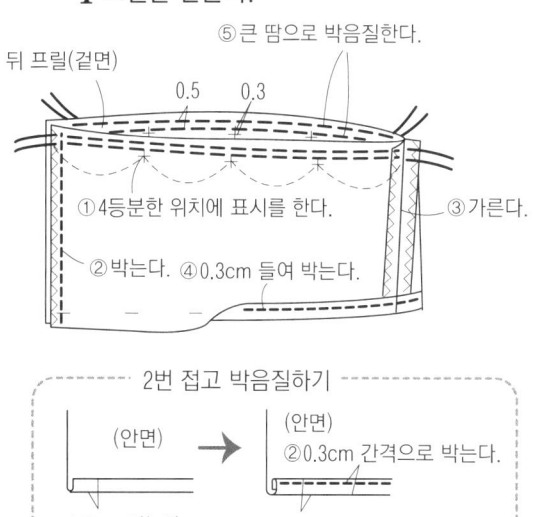

⑤큰 땀으로 박음질한다.
뒤 프릴(겉면)
0.5 0.3
①4등분한 위치에 표시를 한다.
③가른다.
②박는다. ④0.3cm 들여 박는다.

2번 접고 박음질하기

(안면)
(안면)
②0.3cm 간격으로 박는다.
0.5cm 접는다.
①0.5cm 접는다.

5 스커트를 만든다.

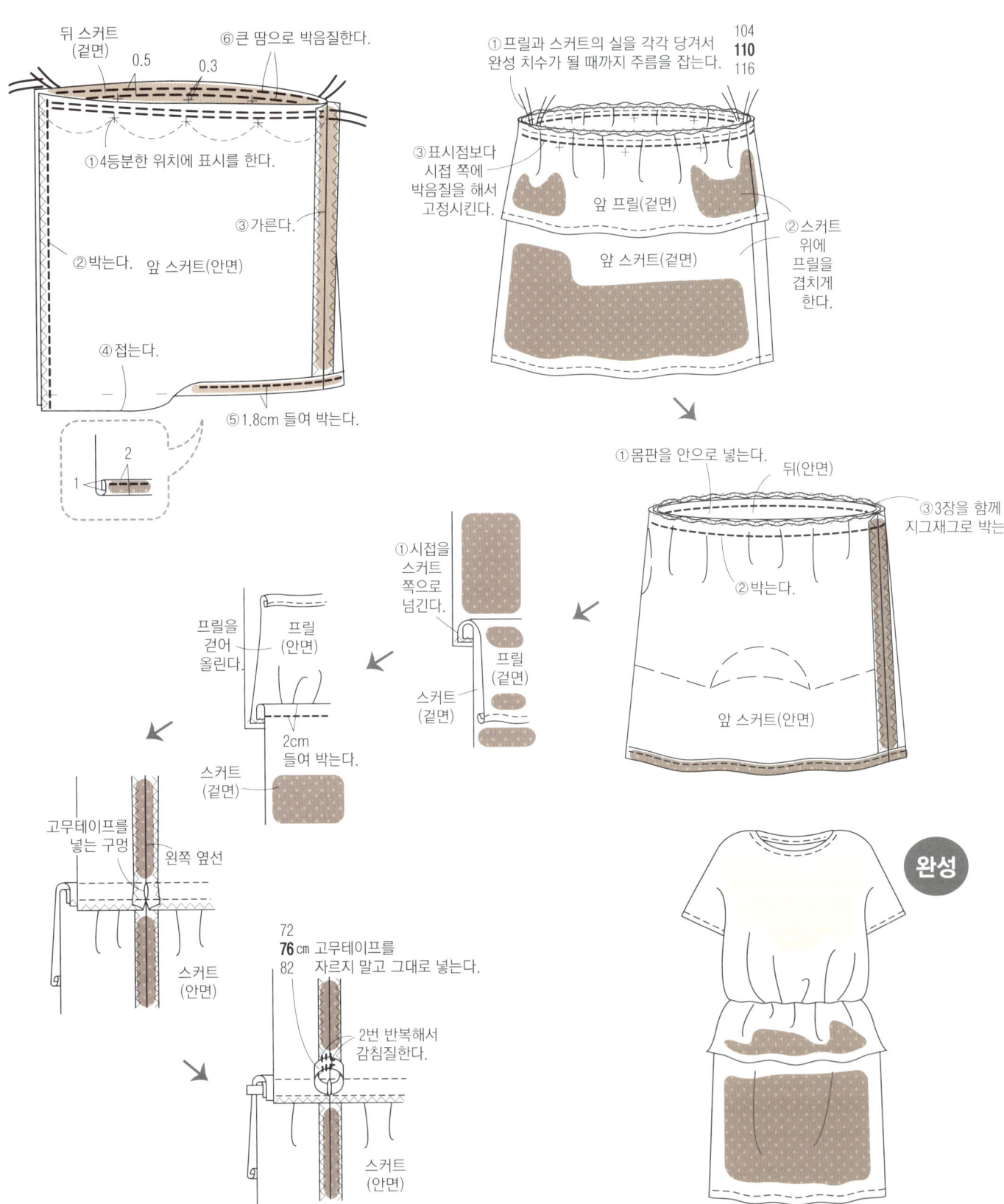

뒤 스커트
(겉면)
0.5
0.3
⑥ 큰 땀으로 박음질한다.

①4등분한 위치에 표시를 한다.

② 박는다.　앞 스커트(안면)

③ 가른다.

④ 접는다.

⑤1.8cm 들여 박는다.

2
1

6 허리둘레를 박는다.

①프릴과 스커트의 실을 각각 당겨서
완성 치수가 될 때까지 주름을 잡는다.
104
110
116

③표시점보다
시접 쪽에
박음질을 해서
고정시킨다.

앞 프릴(겉면)

②스커트
위에
프릴을
겹치게
한다.

앞 스커트(겉면)

①몸판을 안으로 넣는다.

뒤(안면)

③3장을 함께
지그재그로 박는다

②박는다.

앞 스커트(안면)

①시접을
스커트
쪽으로
넘긴다.

프릴
(겉면)

스커트
(겉면)

프릴을
걷어
올린다.

프릴
(안면)

2cm
들여 박는다.

스커트
(겉면)

고무테이프를
넣는 구멍

왼쪽 옆선

스커트
(안면)

72
76 cm 고무테이프를
82 　자르지 말고 그대로 넣는다.

2번 반복해서
감침질한다.

스커트
(안면)

완성

재료		S	M	L
겉감(폴리에스테르 데신)	115cm 폭	3m	3m10cm	3m10cm
고무테이프	1cm 폭	72cm	76cm	82cm
완성 치수	옷 길이	97cm	100.5cm	101.5cm

＊치수 참고하기
숫자가 3개 있는 것은
상 : S 사이즈
중 : M 사이즈,
하 : L 사이즈이며,
숫자가 1개만 있는 것은 공통

패턴 사용법

• **실물 크기 패턴** : B면 no.21을 사용한다.

• **사용하는 패턴 부위** : 앞뒤, 앞뒤 스커트, 프릴

• 바이어스 감은 패턴이 없으므로 각자 그리도록 한다.

☐ = no.21의 실물 크기 패턴
(p.88 참고)

만드는 순서

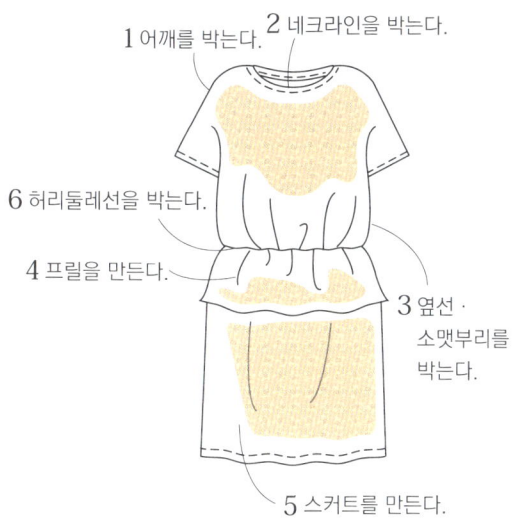

1 어깨를 박는다.
2 네크라인을 박는다.
6 허리둘레선을 박는다.
4 프릴을 만든다.
3 옆선 · 소맷부리를 박는다.
5 스커트를 만든다.

겉감 재단 배치도

바이어스 감
(길이 약 70cm
1장)
겉면
0
2
1.5
0.5
2.5
뒤
1
2.5
1.5
0.5
2.5
앞
1
2.5

＊ 바이어스 감은
길이를 여유 있게
준비해 각 사이즈의
치수에 맞춘 후
남은 부분은 자른다.

300
310
310

2.5
1 프릴
2.5
1 프릴
2.5
1.5 뒤 스커트
3
2.5
1.5 앞 스커트
3
골선

115cm 폭

만드는 법

＊ **박음질을 시작하기 전에**
시접을 지그재그로 박는다.
(어깨선, 옆선)

완성

1 어깨를 박는다.(p.89 만드는 법 1번 참고)

2 네크라인을 박는다.(p.89 만드는 법 2번 참고)

3 옆선 · 소맷부리를 박는다.(p.89 만드는 법 3번 참고)

4 프릴을 만든다.(p.89 만드는 법 4번 참고)

5 스커트를 만든다.(p.90 만드는 법 5번 참고)

6 허리둘레를 박는다.(p.90 만드는 법 6번 참고)

하이웨이스트
체크 원피스

🌿 미디

no. 23 ⋯⋯⋯⋯⋯

퍼플 계열의 컬러풀한 체크무늬가
눈에 띄는 원피스. 하이웨이스트
로 디자인을 하고 스커트 부분에
주름을 잡아서 소녀의 감성이 느껴
져요.

하이웨이스트
꽃무늬 원피스

🌿 미니

no.24

부드럽고 여성스러운 꽃무늬 원단
을 사용한 원피스. no.23보다 스커
트 길이를 짧게 해서 실루엣도 부
드럽고 가벼운 느낌이 나요.

no. **23**

재료		S	M	L
겉감(면, 체크)	110cm 폭	3m	3m10cm	3m10cm
접착심	112cm 폭	20cm	20cm	20cm
단추	지름 1cm	1개	1개	1개
완성 치수	옷 길이	109cm	114cm	115cm

*치수 참고하기
숫자가 3개 있는 것은
상 : S 사이즈,
중 : M 사이즈,
하 : L 사이즈이며,
숫자가 1개만 있는 것은 공통

패턴 사용법

- **실물 크기 패턴** : A면 no.24를 사용한다.
- **사용하는 패턴 부위** : 앞, 뒤, 소매, 스커트 앞뒤, 앞 안단, 뒤 안단
- 커프스 및 고리는 패턴이 없으므로 각자 그리도록 한다.
- **패턴을 고치는 방법** : 스커트 길이를 길게 한다.

만드는 법

1 어깨를 박는다.
2 고리를 만든 후 네크라인을 박는다.
6 소매를 단다.
3 스커트의 주름을 접은 후 몸판과 스커트를 박음질해 연결한다.
5 소매를 만든다.
4 옆선을 박는다.
7 밑단을 박는다.

겉감 재단 배치도

= 집착심 붙이는 부분

앞 안단
소매
1
0
1.5   1.5
1

뒤 안단

커프스
0
30 **31** 32
6

접은 채로 재단

1.5 1
뒤
1
1.5 1

6 2 0
고리
(1장)
1.5
1.5 1
앞
1.5 1

겉면

뒤 스커트
1
3
1.5

앞 스커트
1
1.5
3

300 **310** 310

골선

110cm 폭

= no.24의 실물 크기 패턴

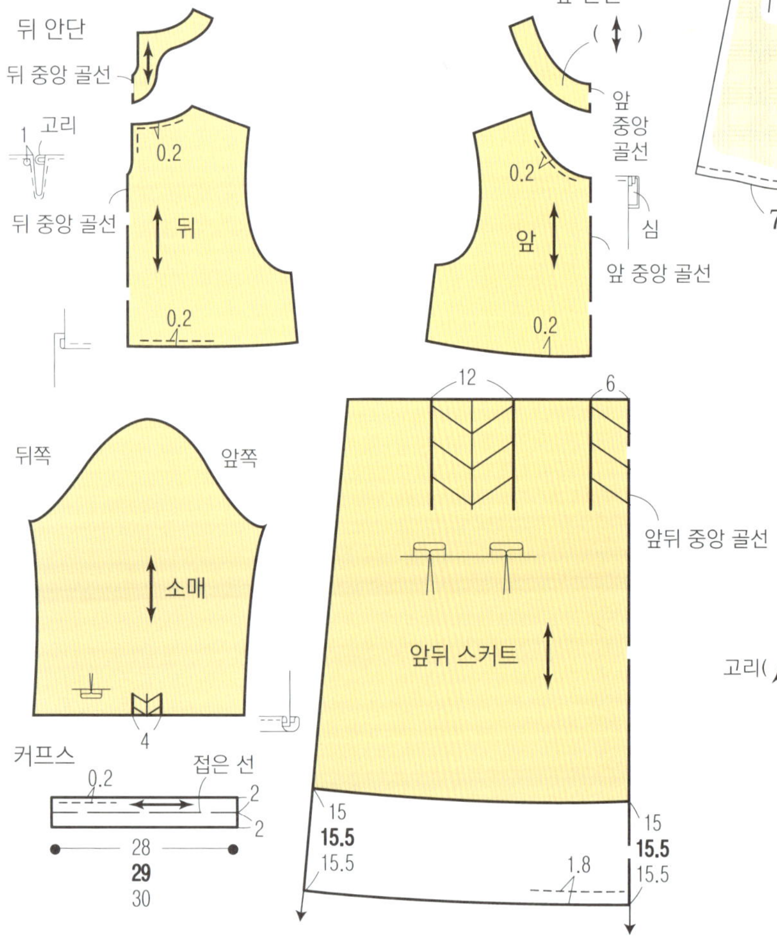

뒤 안단
뒤 중앙 골선

고리
1

뒤 중앙 골선

뒤
0.2
0.2

앞 안단
( )
앞 중앙 골선
심
앞 중앙 골선

앞
0.2
0.2

뒤쪽   앞쪽

소매

커프스
0.2
접은 선
2
2
28
29
30

12   6

앞뒤 중앙 골선

앞뒤 스커트

고리( )폭 = 0.3

15   15
15.5 **15.5**
15.5   1.8   15.5
4

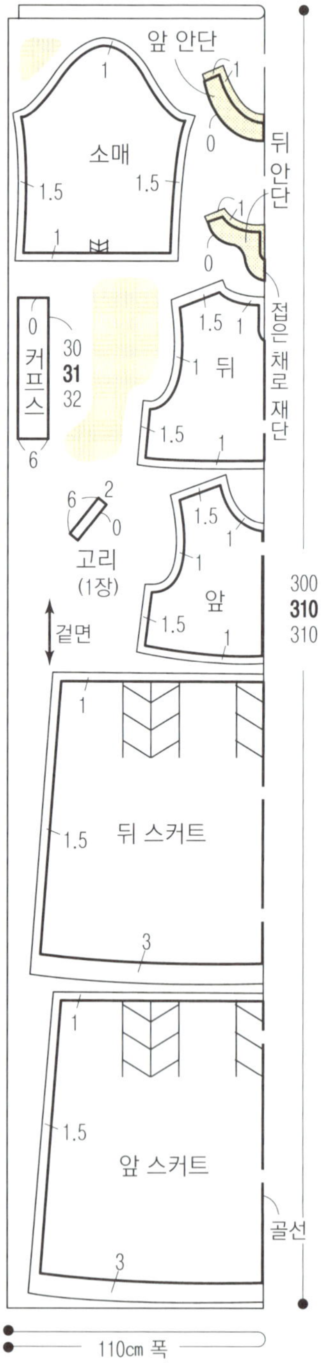

* 박음질을 시작하기 전에
접착심을 붙인 후 시접을 지그재그로 박는다.
(어깨선, 옆선, 스커트 옆선, 소매밑단, 안단)

1 어깨를 박는다.

네크라인은 표시점까지 박는다.

지그재그로 박는다.

뒤(겉면)

① 박는다.

② 가른다.

앞(안면)

뒤 안단(겉면)

네크라인은 표시점까지 박는다.

② 가른다.

① 박는다.

접착심

앞 안단(안면)

단추 지름 + 단추 두께

뒤(겉면)　고리

① 표시점 바로 옆을 박는다.

③ 0.2cm 남기고 가위집을 넣는다.

앞(겉면)

② 박는다.

앞 안단(안면)

뒤(겉면)　고리

④ 가위집을 넣는다.

① 몸판 안쪽으로 뒤집는다.

앞(안면)

② 0.2cm 안으로 박는다.

앞 안단(겉면)

③ 감침질한다.

가위집 0.2cm 남긴다.

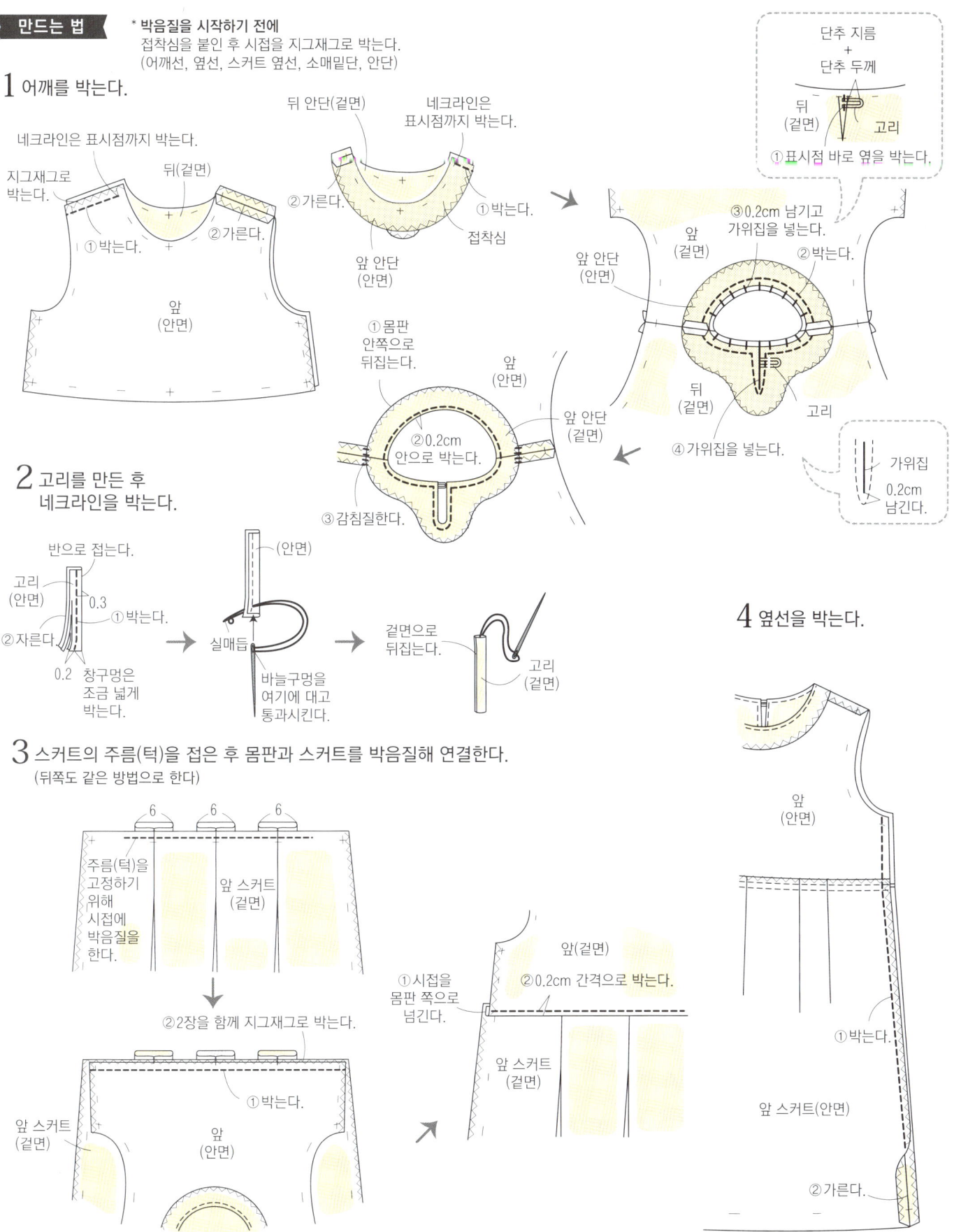

2 고리를 만든 후 네크라인을 박는다.

반으로 접는다.

고리(안면)

0.3

① 박는다.

② 자른다

0.2

창구멍은 조금 넓게 박는다.

(안면)

실매듭

바늘구멍을 여기에 대고 통과시킨다.

겉면으로 뒤집는다.

고리(겉면)

3 스커트의 주름(턱)을 접은 후 몸판과 스커트를 박음질해 연결한다.
(뒤쪽도 같은 방법으로 한다)

6　6　6

주름(턱)을 고정하기 위해 시접에 박음질을 한다.

앞 스커트(겉면)

② 2장을 함께 지그재그로 박는다.

① 박는다.

앞 스커트(겉면)

앞(안면)

① 시접을 몸판 쪽으로 넘긴다.

앞(겉면)

② 0.2cm 간격으로 박는다.

앞 스커트(겉면)

4 옆선을 박는다.

앞(안면)

① 박는다.

앞 스커트(안면)

② 가른다.

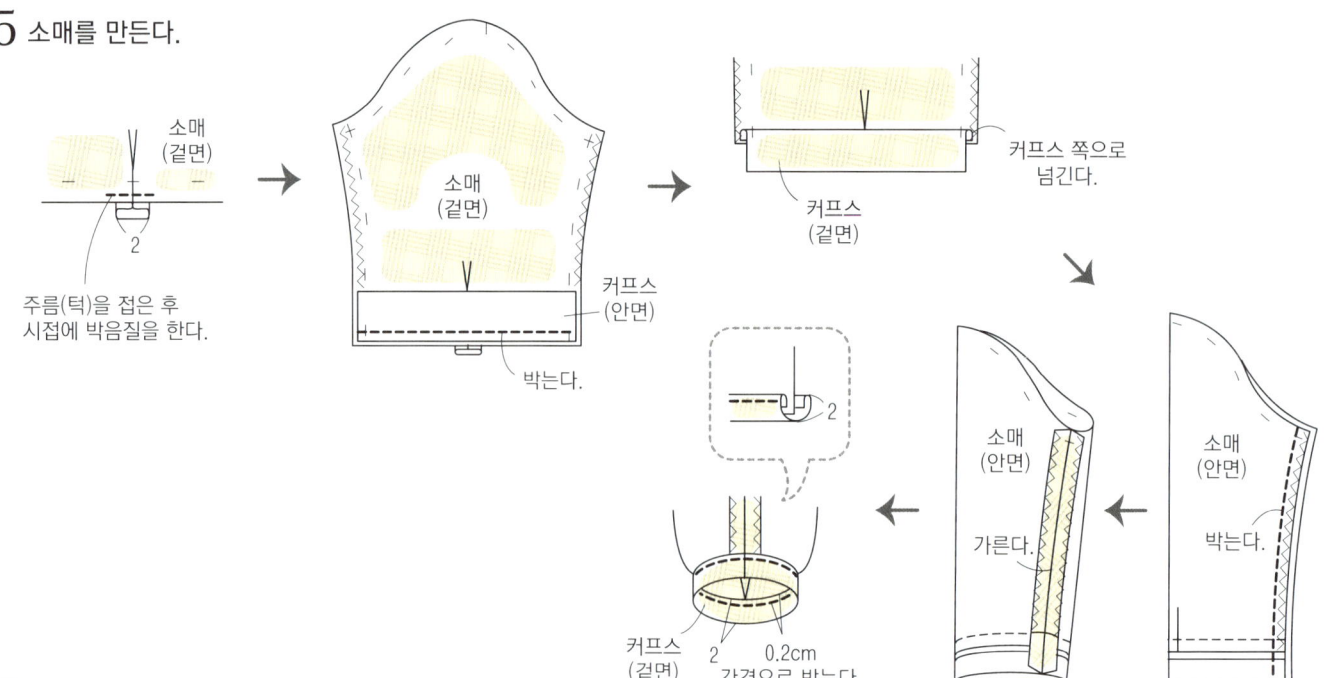

5 소매를 만든다.

소매
(겉면)

2

주름(턱)을 접은 후
시접에 박음질을 한다.

소매
(겉면)

커프스
(안면)

박는다.

커프스 쪽으로
넘긴다.

커프스
(겉면)

2

소매
(안면)

가른다.

소매
(안면)

박는다.

커프스
(겉면)

2 0.2cm
간격으로 박는다.

6 소매를 단다.

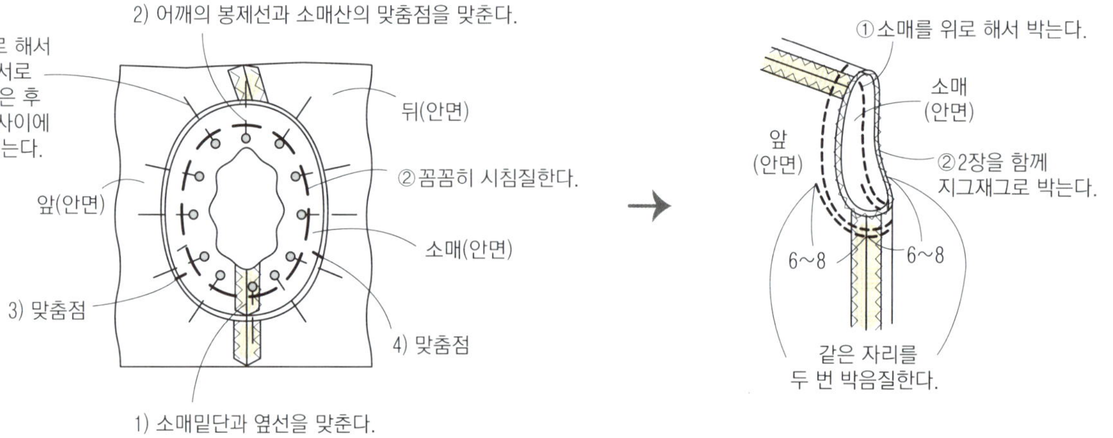

①소매를 위로 해서
1)~4)의 순서로
시침핀을 꽂은 후
다시 그 사이사이에
시침핀을 꽂는다.

2) 어깨의 봉제선과 소매산의 맞춤점을 맞춘다.

뒤(안면)

②꼼꼼히 시침질한다.

앞(안면)

소매(안면)

3) 맞춤점

4) 맞춤점

1) 소매밑단과 옆선을 맞춘다.

①소매를 위로 해서 박는다.

소매
(안면)

앞
(안면)

②2장을 함께
지그재그로 박는다.

6~8   6~8

같은 자리를
두 번 박음질한다.

7 밑단을 박는다.

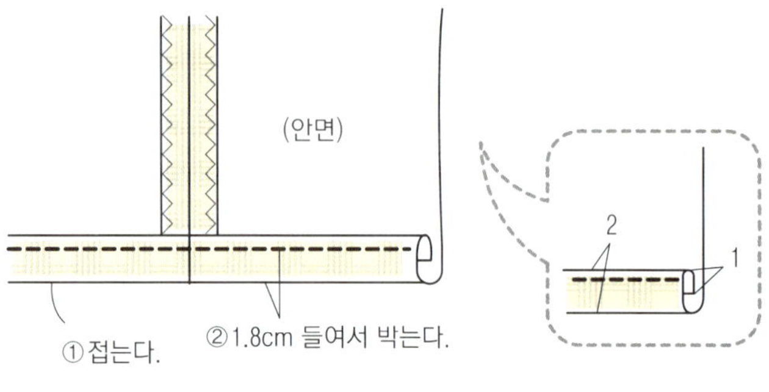

(안면)

①접는다.

②1.8cm 들여서 박는다.

2

2   1

완성

재료		S	M	L
겉감(면, 꽃무늬 원단)	110cm 폭	2m70cm	2m80cm	2m80cm
접착심	112cm 폭	20cm	20cm	20cm
단추	지름 1cm	1개	1개	1개
완성 치수	옷 길이	94cm	98.5cm	99.5cm

*치수 참고하기
숫자가 3개 있는 것은
상 : S 사이즈,
중 : M 사이즈,
하 : L 사이즈이며,
숫자가 1개만 있는 것은 공통

패턴 사용법

- **실물 크기 패턴** : A면 no.24를 사용한다.
- **사용하는 패턴 부위** : 앞, 뒤, 소매, 스커트 앞뒤, 앞 안단, 뒤 안단
- 커프스 및 고리는 패턴이 없으므로 각자 그리도록 한다.

만드는 법

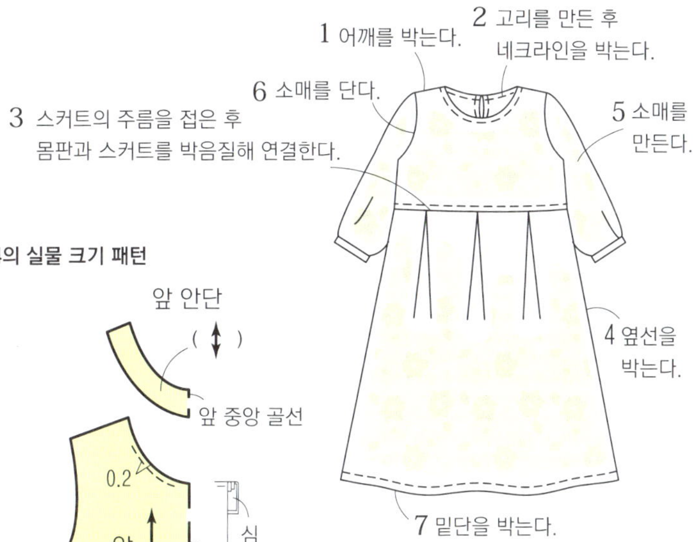

1 어깨를 박는다.

2 고리를 만든 후 네크라인을 박는다.

6 소매를 단다.

3 스커트의 주름을 접은 후 몸판과 스커트를 박음질해 연결한다.

5 소매를 만든다.

4 옆선을 박는다.

7 밑단을 박는다.

= no.24의 실물 크기 패턴

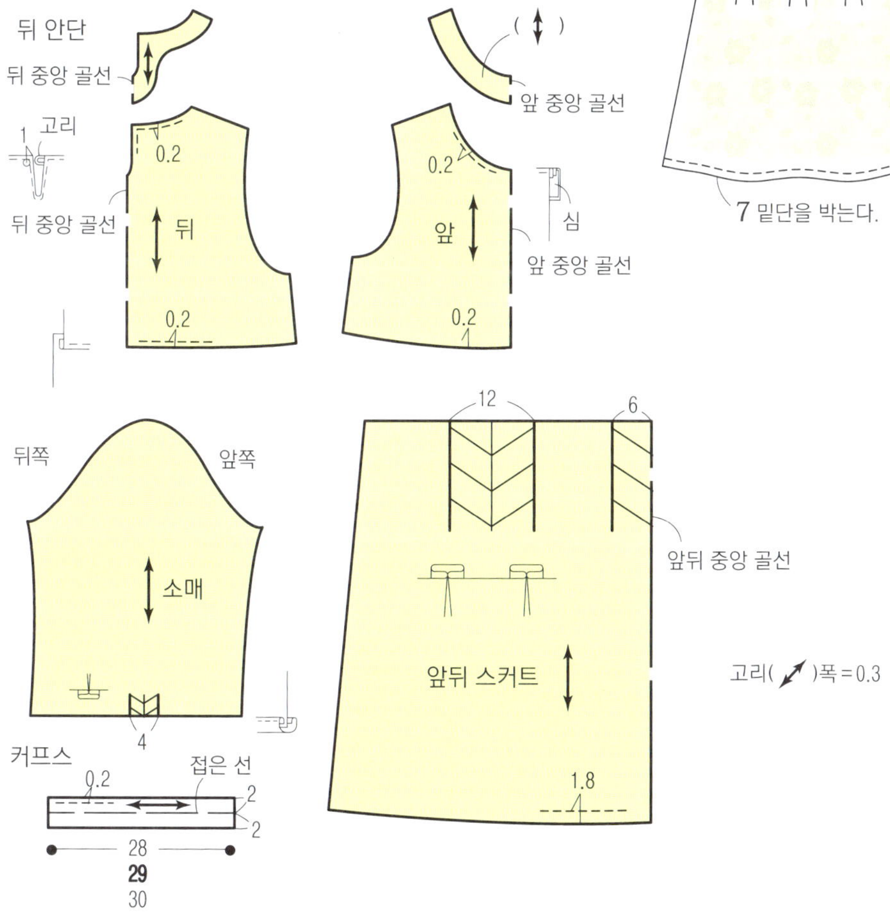

뒤 안단
뒤 중앙 골선

앞 안단
(↕)
앞 중앙 골선

1 고리
뒤 중앙 골선

뒤
0.2
0.2

앞
0.2
0.2
앞 중앙 골선
심

뒤쪽
앞쪽
소매
커프스
0.2
접은 선
2
2
28
29
30

12
6
앞뒤 중앙 골선
앞뒤 스커트
1.8
4

고리(↗)폭 = 0.3

겉감 재단 배치도

= 접착심 붙이는 부분

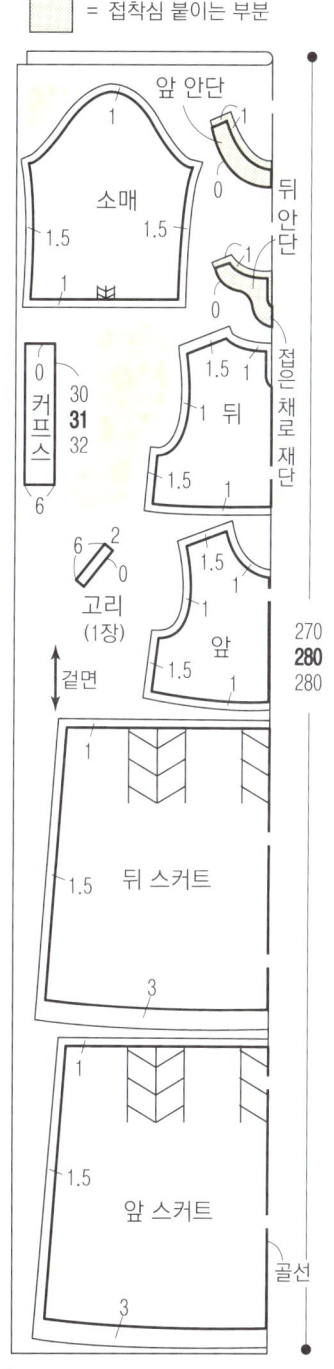

앞 안단

소매
1.5   1.5
1

뒤 안단
1
0

커프스
30
31
32
6

고리
(1장)
6   2
0

겉면

접은 채로 재단

1.5   1
뒤
1.5

1.5   1
앞
1.5

뒤 스커트
1.5
3

앞 스커트
1.5
3

270
280
280

골선

110cm 폭

97

만드는 법

* 박음질을 시작하기 전에
접착심을 붙인 후 시접을 지그재그로 박는다.
(어깨선, 옆선, 스커트 옆선, 소매밑단, 안단)

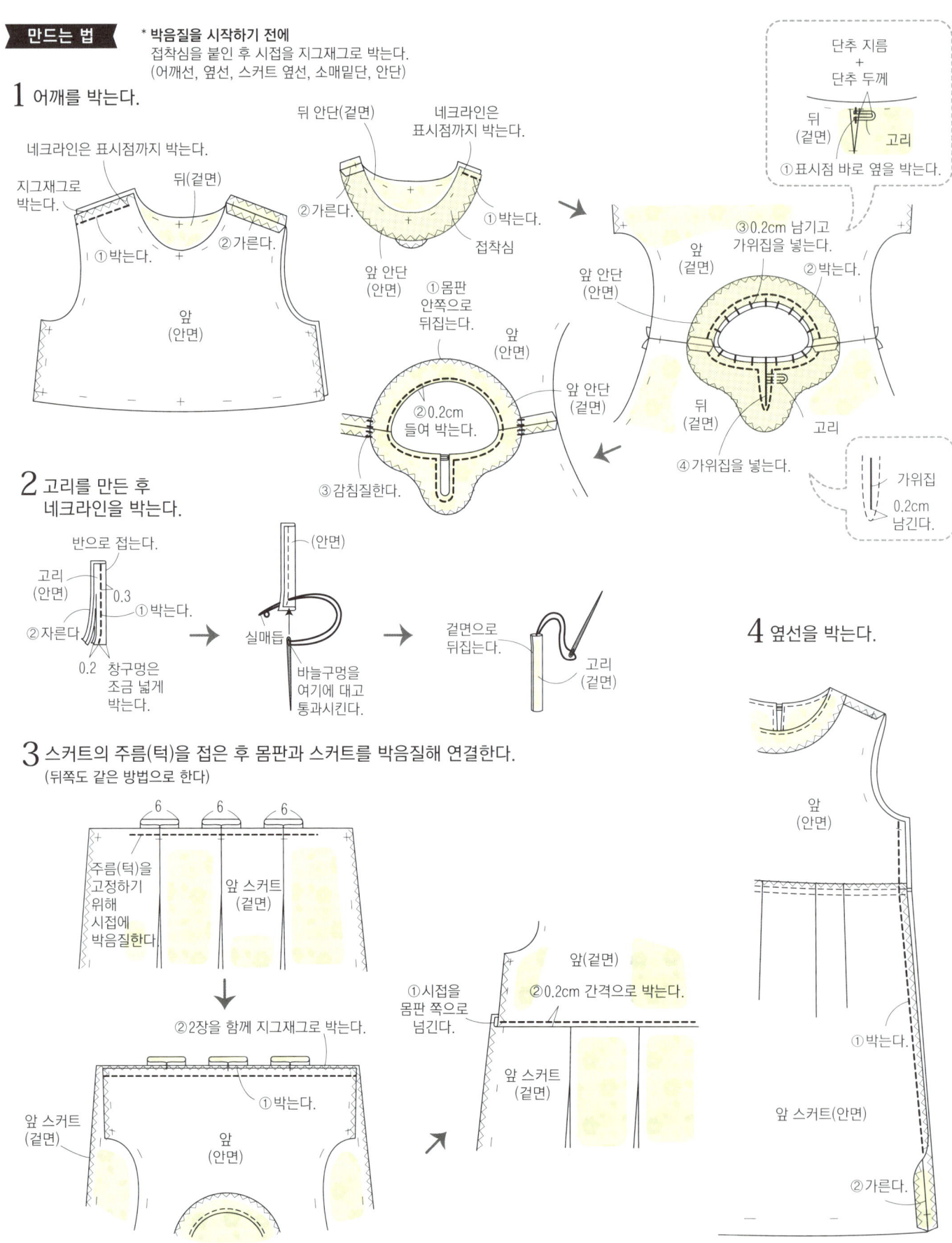

1 어깨를 박는다.

네크라인은 표시점까지 박는다.

지그재그로 박는다.

뒤(겉면)

①박는다.

②가른다.

뒤 안단(겉면)

네크라인은 표시점까지 박는다.

②가른다.

①박는다.

접착심

앞 안단
(안면)

①몸판 안쪽으로 뒤집는다.

앞
(안면)

②0.2cm 들여 박는다.

③감침질한다.

앞 안단
(겉면)

앞
(안면)

앞
(겉면)

③0.2cm 남기고 가위집을 넣는다.

②박는다.

앞 안단
(안면)

뒤
(겉면)

④가위집을 넣는다.

고리

단추 지름
+
단추 두께

뒤
(겉면)

고리

①표시점 바로 옆을 박는다.

가위집
0.2cm 남긴다.

2 고리를 만든 후 네크라인을 박는다.

반으로 접는다.

고리
(안면)

0.3

①박는다.

②자른다.

0.2 창구멍은 조금 넓게 박는다.

(안면)

실매듭

바늘구멍을 여기에 대고 통과시킨다.

겉면으로 뒤집는다.

고리
(겉면)

3 스커트의 주름(턱)을 접은 후 몸판과 스커트를 박음질해 연결한다.
(뒤쪽도 같은 방법으로 한다)

6 6 6

주름(턱)을 고정하기 위해 시접에 박음질한다

앞 스커트
(겉면)

②2장을 함께 지그재그로 박는다.

앞 스커트
(겉면)

①박는다.

앞
(안면)

①시접을 몸판 쪽으로 넘긴다.

앞(겉면)

②0.2cm 간격으로 박는다.

앞 스커트
(겉면)

4 옆선을 박는다.

앞
(안면)

①박는다.

앞 스커트(안면)

②가른다.

5 소매를 만든다.

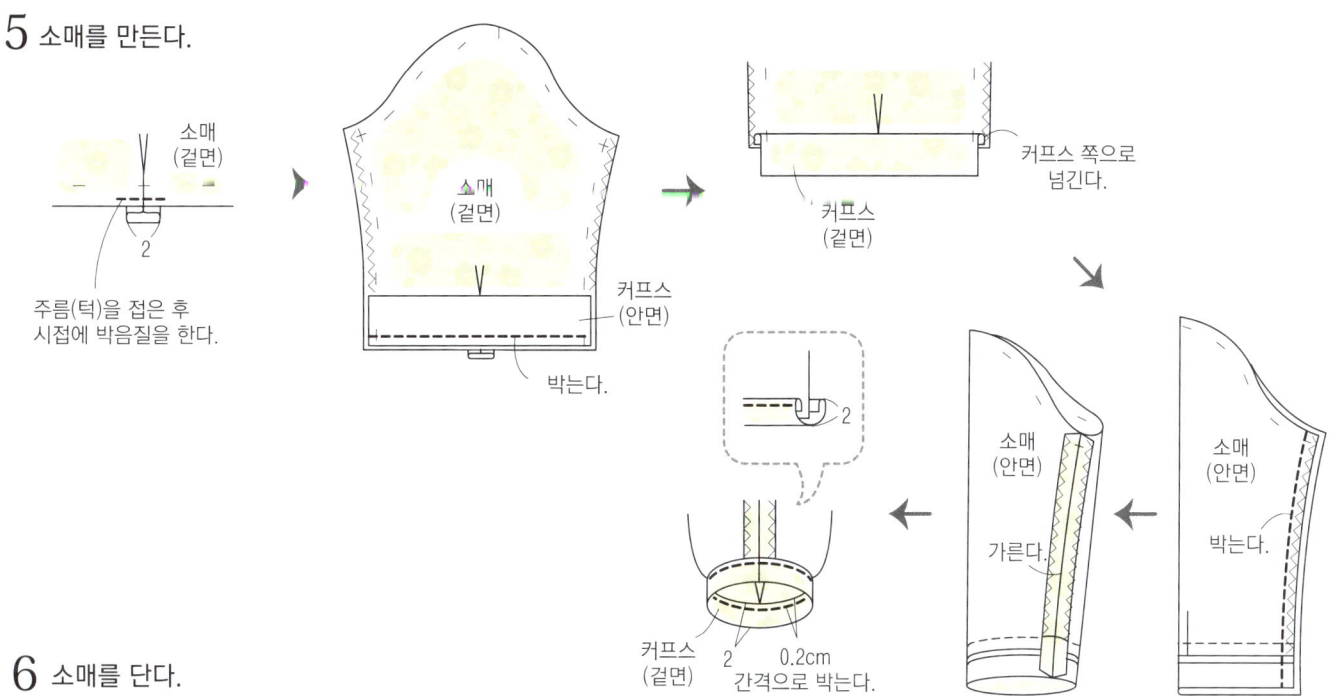

소매
(겉면)

2

주름(턱)을 접은 후
시접에 박음질을 한다.

소매
(겉면)

소매
(겉면)

커프스
(안면)

박는다.

커프스
(겉면)

커프스 쪽으로
넘긴다.

2

소매
(안면)

소매
(안면)

가른다.

박는다.

커프스
(겉면)

2   0.2cm
간격으로 박는다.

6 소매를 단다.

①소매를 위로 해서
1)~4)의 순서로
시침핀을 꽂은 후
다시 그 사이사이에
시침핀을 꽂는다.

2) 어깨의 봉제선과 소매산의 맞춤점을 맞춘다.

뒤(안면)

앞(안면)

②꼼꼼히 시침질한다.

소매(안면)

3) 맞춤점

4) 맞춤점

1) 소매밑단과 옆선을 맞춘다.

①소매를 위로 해서 박는다.

소매
(안면)

앞
(안면)

②2장을 함께
지그재그로 박는다.

6~8   6~8

같은 자리를
두 번 박음질한다.

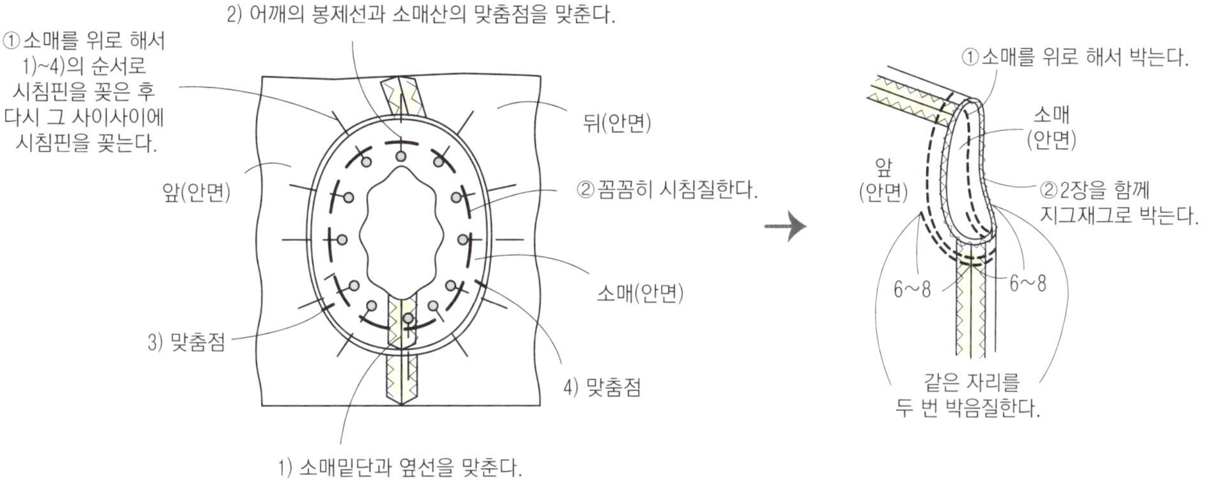

7 밑단을 박는다.

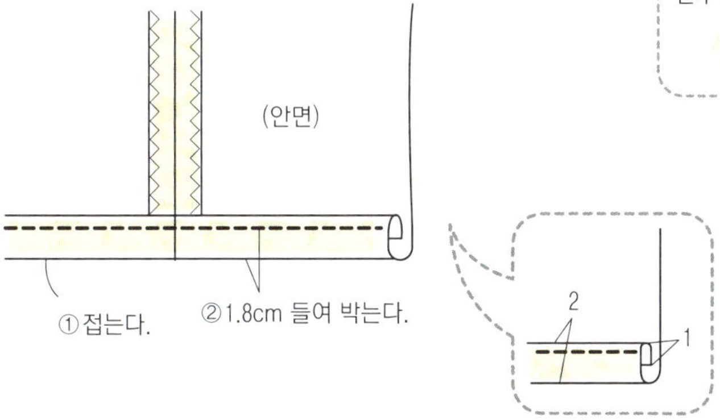

0.5   고리

단추

0.5

(안면)

①접는다.

②1.8cm 들여 박는다.

2

1

완성

스모크 원피스 A

🌿 박스형

no. 25

로맨틱한 꽃무늬 프린트가 매력인 스
모크 원피스. 매끈한 촉감의 워셔블
원단을 사용해 가볍고 시원해요. 스
모크란 목이나 가슴에 주름 장식을
한 헐렁한 스타일을 가리켜요.

스모크 원피스 B

🌿 허리 조임형

no.26

보들보들한 촉감의 실크 혼방 원단을 사용한 스모크 스타일 원피스. 허리 라인에 고무줄을 넣어 귀여우면서도 성숙한 분위기를 동시에 연출할 수 있어요.

재료		S	M	L
겉감(워셔블 원단)	106cm 폭	2m70cm	2m80cm	2m80cm
완성 치수	옷 길이	92cm	95.8cm	97.1cm

*치수 참고하기
숫자가 3개 있는 것은
상 : S 사이즈,
중 : M 사이즈,
하 : L 사이즈이며,
숫자가 1개만 있는 것은 공통

패턴 사용법

- **실물 크기 패턴** : B면 no.26을 사용한다.
- **사용하는 패턴 부위** : 앞, 뒤, 소매
- 목둘레 바이어스는 패턴이 없으므로 각자 그리도록 한다.
- **패턴을 고치는 방법** : 옷 길이를 짧게 한다.

허리둘레의 고무테이프, 커프스, 끈은 달지 않는다.

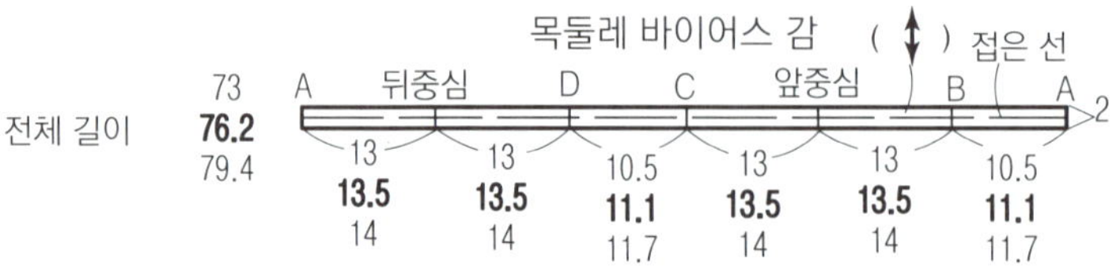

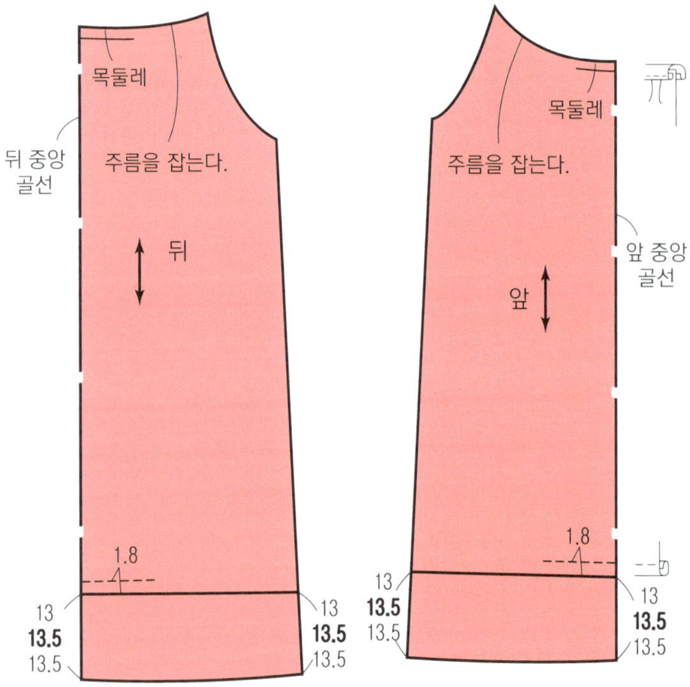

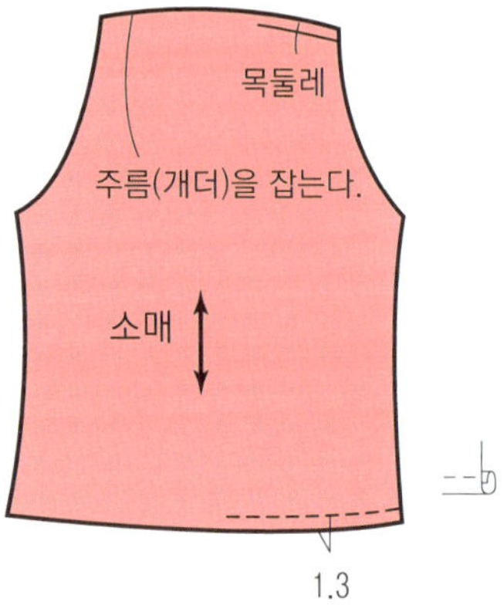

겉감 재단 배치도

목둘레 바이어스 감 (↕) 접은 선

전체 길이
73
76.2
79.4

A 뒤중심 D C 앞중심 B A 2

13	13	10.5	13	13	10.5
13.5	**13.5**	**11.1**	**13.5**	**13.5**	**11.1**
14	14	11.7	14	14	11.7

■ = no.26의 실물 크기 패턴

목둘레
뒤 중앙
골선
주름을 잡는다.
뒤
1.8
13 / **13.5** / 13.5 (좌)
13 / **13.5** / 13.5 (우)

목둘레
앞 중앙
골선
주름을 잡는다.
앞
1.8
13 / **13.5** / 13.5 (좌)
13 / **13.5** / 13.5 (우)

목둘레
주름(개더)을 잡는다.
소매
1.3

만드는 순서

4 네크라인을 박는다.

3 소매와 몸판을 박음질해 연결한다.

2 소매를 만든다.

1 옆선 · 밑단을 박는다.

겉면

0
1
소매
1.5   1.5
1

목둘레 바이어스 감
(길이 약 84cm 1장)

4
0

0
뒤
1.5
3
골선

270
280
280

1
0
앞
1.5
3

106cm 폭

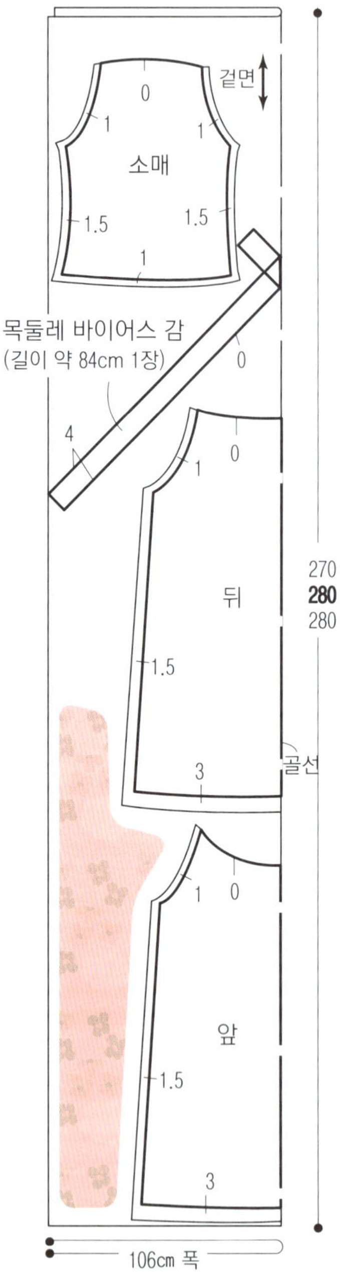

* 목둘레 바이어스 감은 길이를 여유 있게
준비하며 각 사이즈의 붙이는 부분의
치수에 맞추어서 남은 부분은 잘라낸다.

* 박음질을 시작하기 전에
시접(어깨선)을 지그재그로 박음질한다.

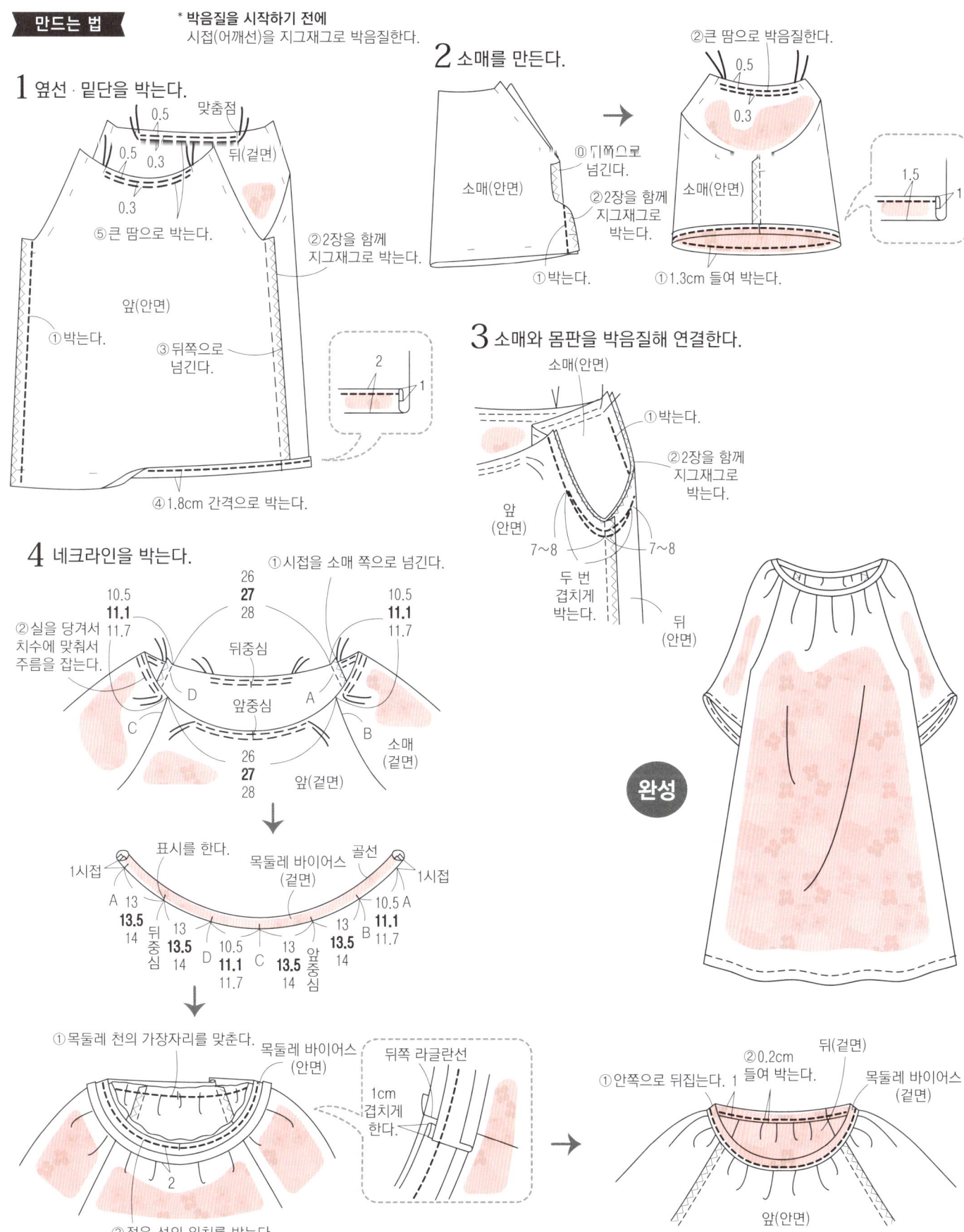

1 옆선·밑단을 박는다.

맞춤점
0.5
0.5 0.3
0.3
뒤(겉면)
⑤ 큰 땀으로 박는다.
② 2장을 함께 지그재그로 박는다.
앞(안면)
① 박는다.
③ 뒤쪽으로 넘긴다.
④ 1.8cm 간격으로 박는다.
2 1

2 소매를 만든다.

② 큰 땀으로 박음질한다.
0.5
0.3
소매(안면)
소매(안면)
⓪ 뒤쪽으로 넘긴다.
② 2장을 함께 지그재그로 박는다.
① 박는다.
① 1.3cm 들여 박는다.
1.5 1

3 소매와 몸판을 박음질해 연결한다.

소매(안면)
① 박는다.
② 2장을 함께 지그재그로 박는다.
앞(안면)
7~8   7~8
두 번 겹치게 박는다.
뒤(안면)

4 네크라인을 박는다.

① 시접을 소매 쪽으로 넘긴다.
26
27
28
10.5   10.5
11.1   **11.1**
11.7   11.7
② 실을 당겨서 치수에 맞춰서 주름을 잡는다.
뒤중심
D   A
앞중심
C   B
소매(겉면)
26
27
28
앞(겉면)

표시를 한다.
목둘레 바이어스 (겉면)
골선
1시접   1시접
A 13   10.5 A
13.5   **11.1**
14   11.7
뒤중심   13   13   13   B
         13.5 10.5 **13.5**
         14   D **11.1** C **13.5** 앞중심
              11.7   14
① 목둘레 천의 가장자리를 맞춘다.
목둘레 바이어스 (안면)
뒤쪽 라글란선
1cm 겹치게 한다.
2
② 접은 선의 위치를 박는다.

② 0.2cm 들여 박는다.
뒤(겉면)
① 안쪽으로 뒤집는다.   1
목둘레 바이어스 (겉면)
앞(안면)

완성

재료		S	M	L
겉감(실크 론)	110cm 폭	2m90cm	3m	3m
고무테이프	1cm 폭	72cm	76cm	82cm
완성 치수	옷 길이	105cm	109.3cm	110.6cm

*론(lawn) : 코마 면사를 사용해서 약간 거칠게 짠 얇은 평직으로, 촉감이 부드럽다.

*치수 참고하기
숫자가 3개 있는 것은
상 : S 사이즈,
중 : M 사이즈,
하 : L 사이즈이며,
숫자가 1개만 있는 것은 공통

패턴 사용법

· **실물 크기 패턴** : B면 no.26을 사용한다.

· **사용하는 패턴 부위** : 앞, 뒤, 소매

· 목둘레 바이어스, 커프스, 끈은 패턴이 없으므로 각자 그리도록 한다.

* 목둘레 바이어스 감은 길이를 여유 있게
준비하며 각 사이즈의 붙이는 부분의
치수에 맞추어서 남은 부분은 잘라낸다.

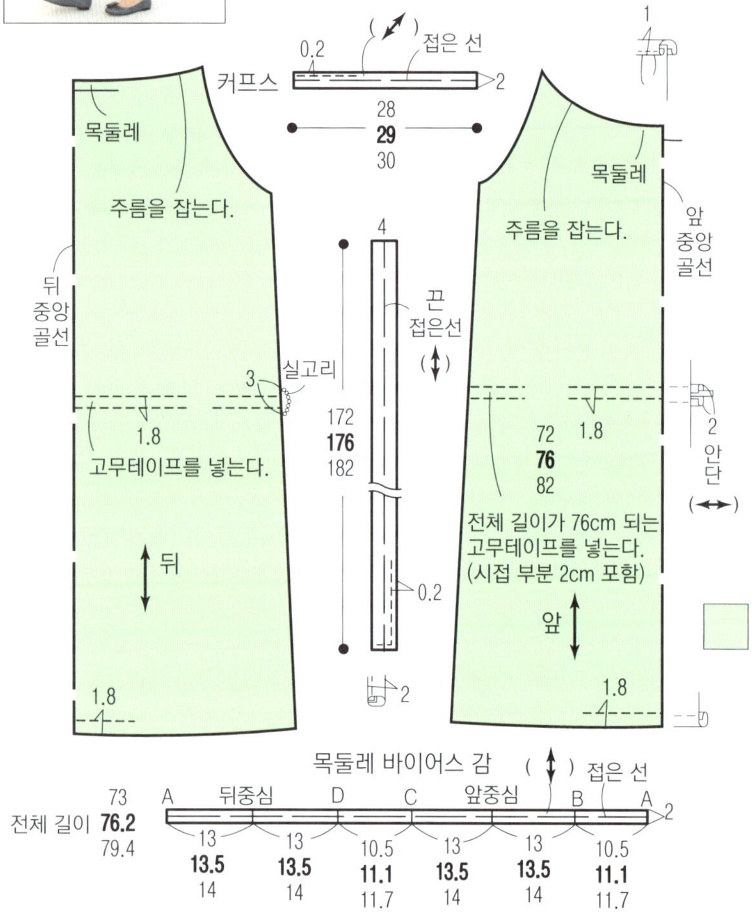

겉감 재단 배치도

커프스
0.2
접은 선
28
29
30
⊳2

목둘레
주름을 잡는다.
뒤 중앙 골선
3
실고리
1.8
고무테이프를 넣는다.
뒤
1.8

목둘레
주름을 잡는다.
앞 중앙 골선
72
76
82
1.8
전체 길이가 76cm 되는
고무테이프를 넣는다.
(시접 부분 2cm 포함)
앞
1.8
안단

4
172
176
182
끈
접은선
0.2
⊳2

= no.26의 실물 크기 패턴

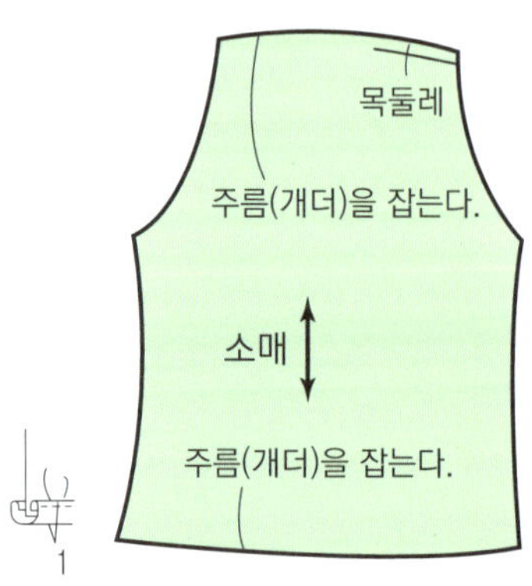

소매
0
1 · 1
1.5 · 1.5
1

소매
0
1 · 1
1.5 · 1.5
1

목둘레 바이어스 감
(길이 약 84cm 1장)
0
4
30
31
32
30
31
32
커프스
0
겉면
끈
(1장)
0

안단
(1장)
0
1.5
뒤
0
3
골선

290
300
300
174
178
184

목둘레 바이어스 감 (↕) 접은 선

	A	뒤중심	D	C	앞중심	B	A

73
전체 길이 **76.2**
79.4
13 / **13.5** / 14
13 / **13.5** / 14
10.5 / **11.1** / 11.7
13 / **13.5** / 14
13 / **13.5** / 14
10.5 / **11.1** / 11.7
⊳2

목둘레( ) 폭 = 1

목둘레
주름(개더)을 잡는다.
소매
주름(개더)을 잡는다.
1

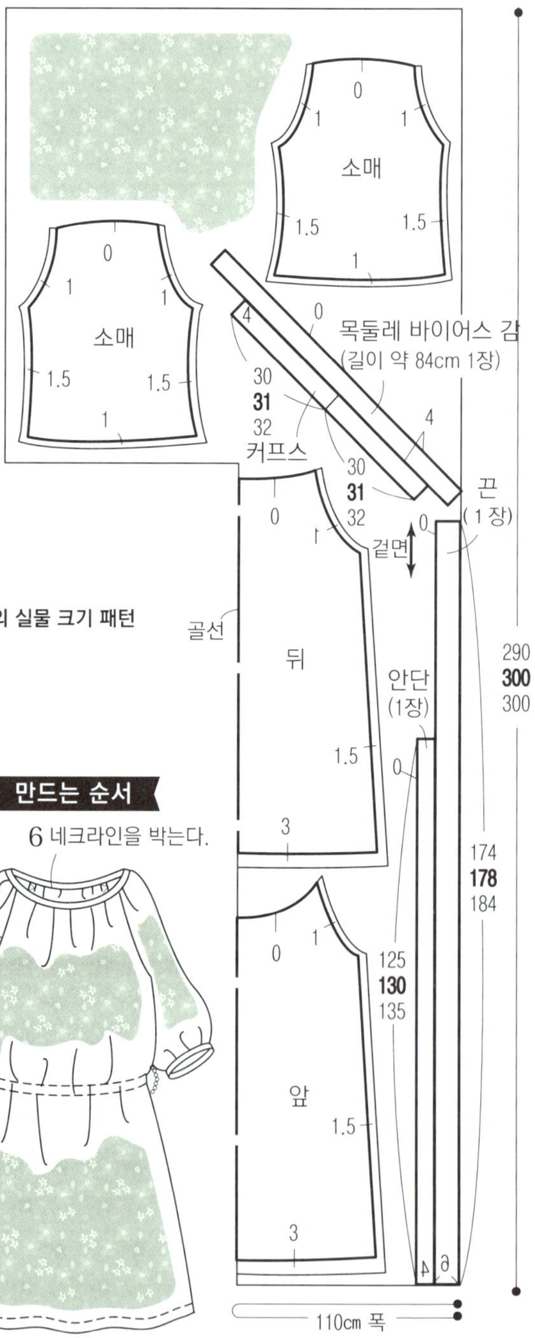

만드는 순서

6 네크라인을 박는다.

5 소매와 몸판을 박음질해 연결한다.

4 소매를 만든다.

3 안단을 만든 후 단다.

2 옆선 · 밑단을 박는다.

1 끈을 만든다.

앞
125
130
135
1.5
3
110cm 폭

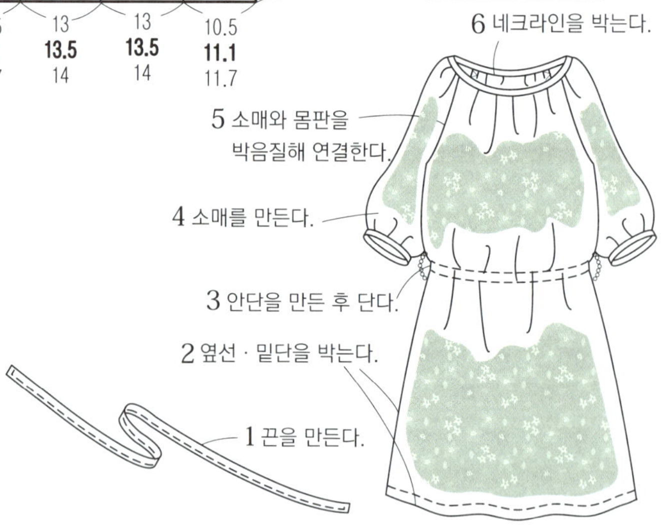

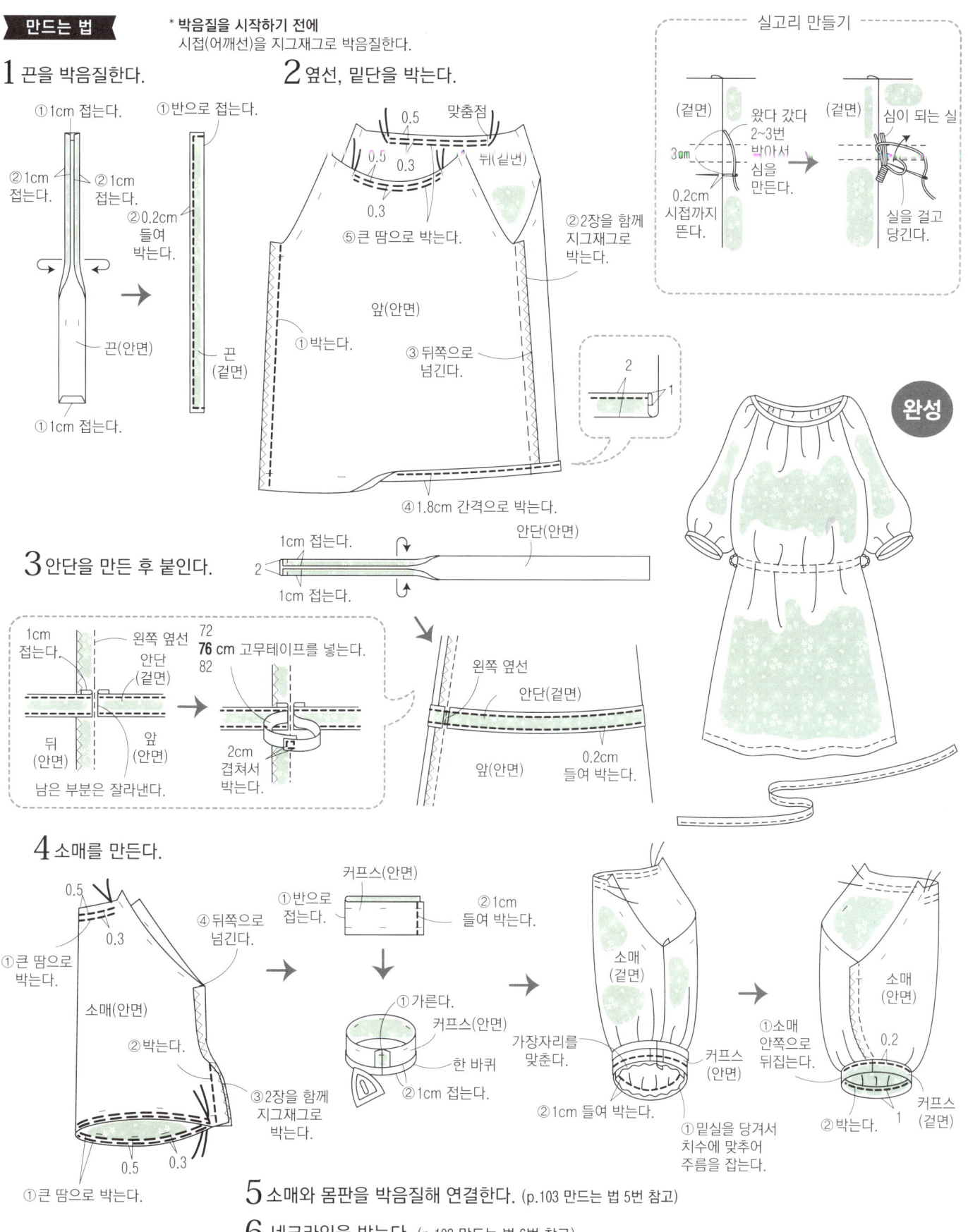

플리츠스커트 원피스

no. 27

흰색 블라우스와 화려한 꽃무늬의 스커트가 얼핏 투피스처럼 보이는 원피스. 허리 라인에 스커트와 같은 천으로 리본을 달아 묶어서 여성스러운 분위기를 살렸어요.

재료		S	M	L
겉감(폴리에스테르)	146cm 폭	1m20cm	1m30cm	1m30cm
배색천(폴리에스테르 데신)	110cm 폭	2m10cm	2m20cm	2m20cm
고무테이프	1cm 폭	72cm	76cm	82cm
완성 치수	옷 길이	104cm	108cm	109cm

*치수 참고하기
숫자가 3개 있는 것은
상 : S 사이즈,
중 : M 사이즈,
하 : L 사이즈이며,
숫자가 1개만 있는 것은 공통

*데신(de chine) : 크레프 데 신(crepe de chine)의 줄임말. 날실과 씨실에 변화를 줘서 수름이 살 가시 잃게 만든 식물

패턴 사용법

• **실물 크기 패턴** : B면 no.21을 사용한다.

• **사용하는 패턴 부위** : 앞뒤, 앞뒤 스커트

• 바이어스 감, 프릴·끈은 패턴이 없으므로 각자 그리도록 한다.

• **패턴 고치는 방법** : 스커트 밑단에 프릴을 달고 끈을 단다.

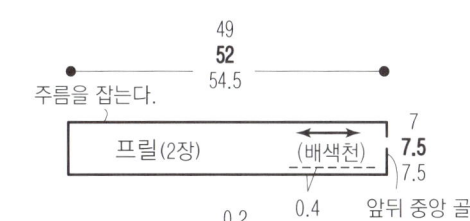

□ = no.21의 실물 크기 패턴

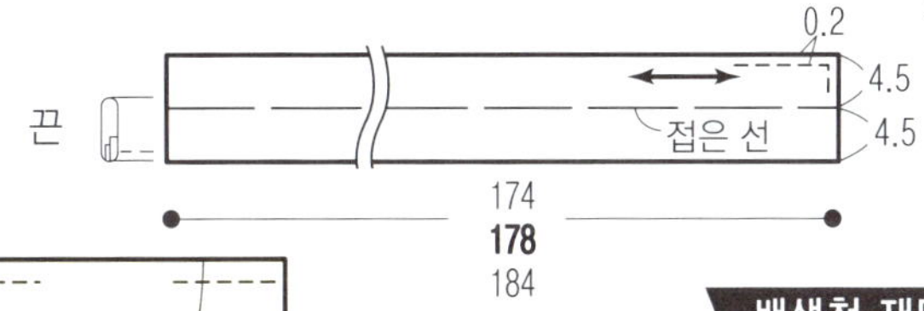

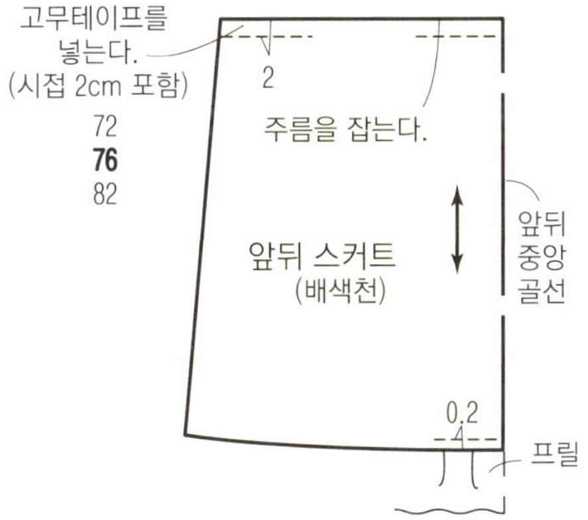

49
52
54.5

주름을 잡는다.

프릴(2장)　　(배색천)

7
7.5
7.5

0.4　앞뒤 중앙 골선

끈

0.2
4.5
4.5
접은 선

174
178
184

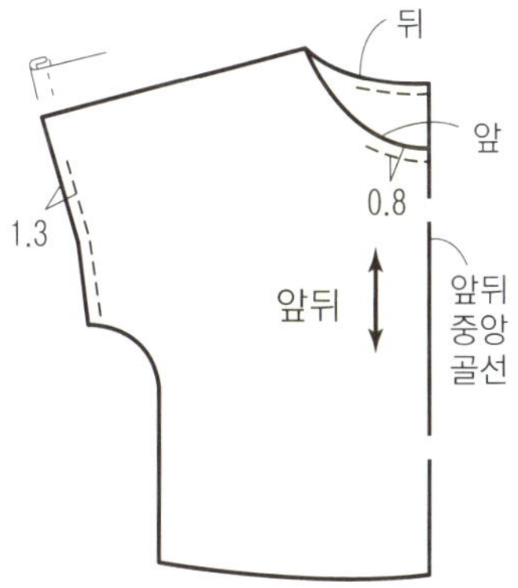

배색천 재단 배치도

고무테이프를 넣는다.
(시접 2cm 포함)

72
76
82

주름을 잡는다.

앞뒤 스커트
(배색천)

앞뒤 중앙 골선

2

0.2
프릴

* 바이어스 감은 길이를 여유 있게 준비해
각 사이즈의 치수에 맞춘 후 남은 부분은 자른다.

뒤
앞
0.8
1.3
앞뒤
앞뒤 중앙 골선

1
프릴
11
끈
프릴
1
겉면

210
220
220

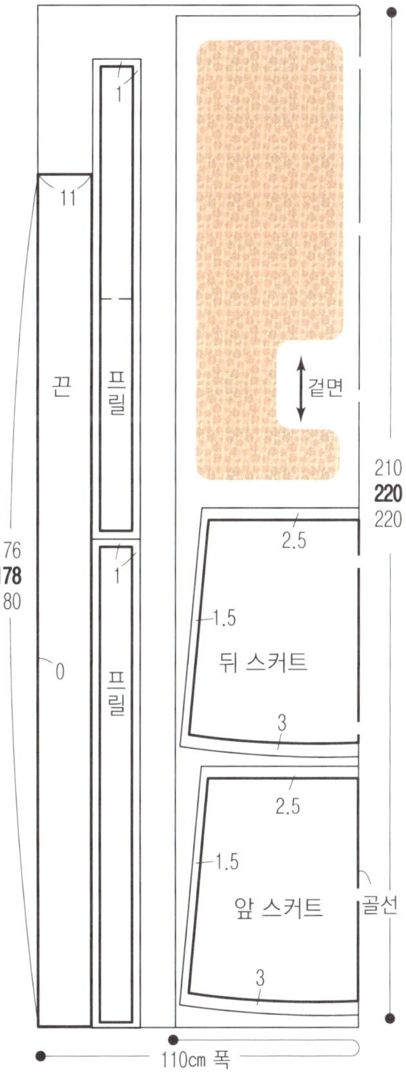

만드는 순서

1 어깨를 박는다.　2 네크라인을 박는다.

3 옆선 · 소맷부리를 박는다.

6 허리둘레선을 박는다.

4 스커트를 만든다.

5 프릴을 만들어서 단다.

7 끈을 만든다.

겉감 재단 배치도

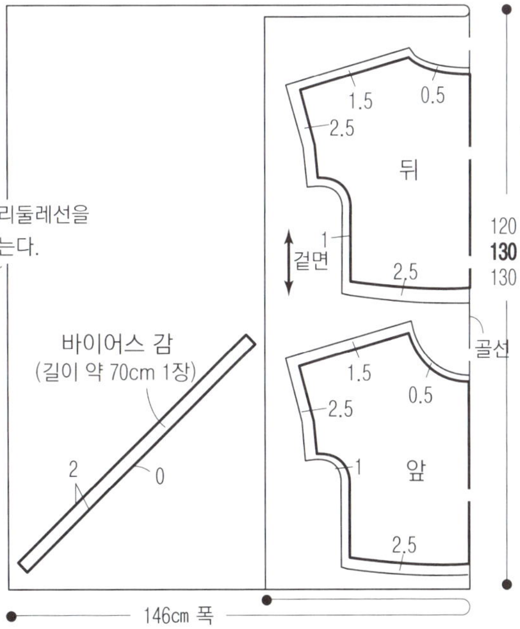

바이어스 감
(길이 약 70cm 1장)

2　0

뒤
1.5
0.5
2.5

겉면
1
2.5

앞
1.5
0.5
1
2.5

176
178
180

120
130
130

골선

0

2.5
뒤 스커트
1.5
3

2.5
앞 스커트
1.5
3

골선

146cm 폭

110cm 폭

* 박음질을 시작하기 전에
시접을 지그재그로 박는다.
(어깨선, 옆선)

1 어깨를 박는다.

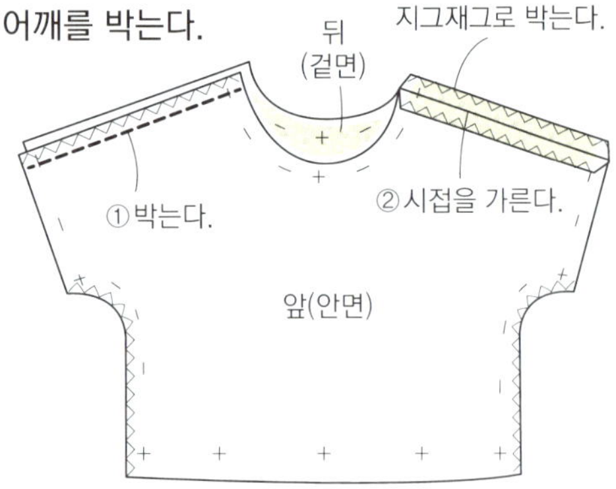

뒤
(겉면)

지그재그로 박는다.

①박는다.

②시접을 가른다.

앞(안면)

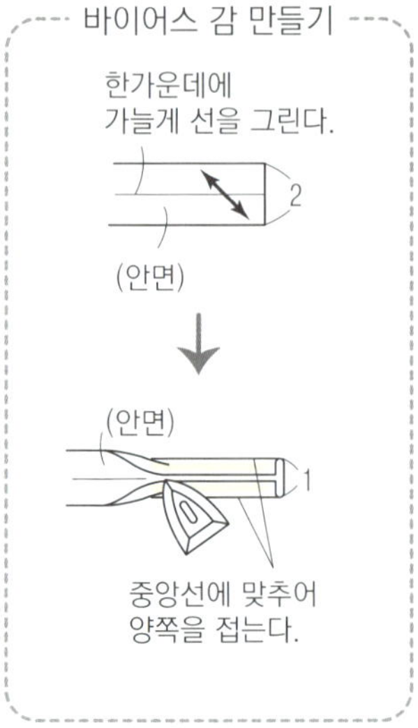

바이어스 감 만들기

한가운데에
가늘게 선을 그린다.

(안면)

2

(안면)

1

중앙선에 맞추어
양쪽을 접는다.

1cm
겹치게
한다.

남은
부분은
자른다.

왼쪽 어깨선

---

2 네크라인을 박는다.

①표시점과 접은 선을
맞추어 박는다.

바이어스 감
(안면)

앞
(겉면)

②몸판 시접을 0.2cm 남기고 가위집을 넣는다.

바이어스 감
(겉면)

②0.8cm 들여 박는다.

1

①바이어스 감을
몸판 안쪽으로 뒤집는다.

앞(안면)

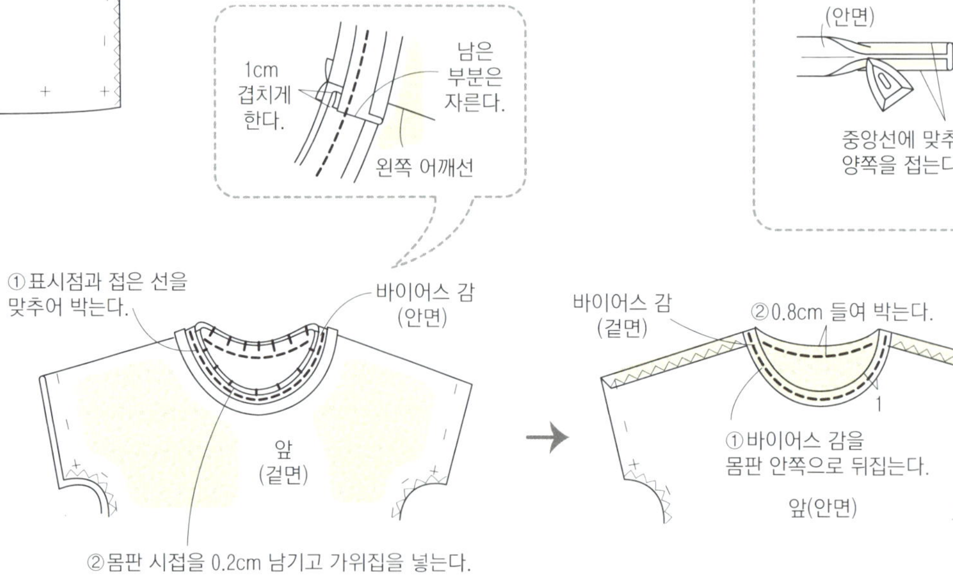

3 옆선 · 소맷부리를 박는다.

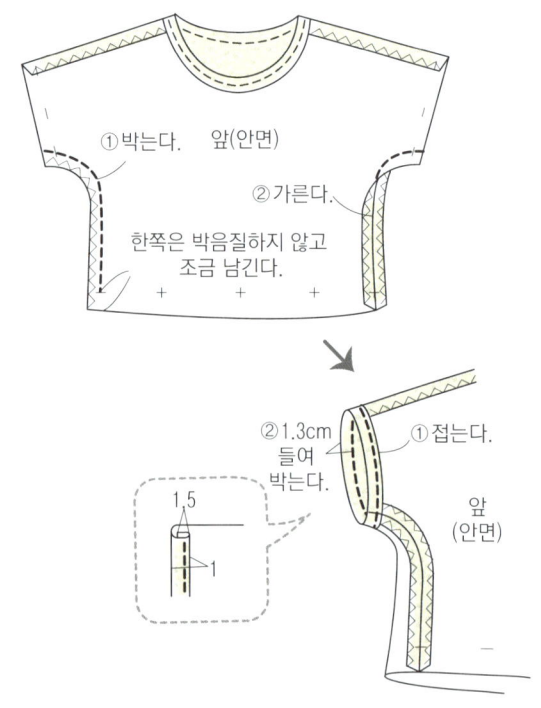

①박는다.

앞(안면)

②가른다.

한쪽은 박음질하지 않고
조금 남긴다.

②1.3cm
들여
박는다.

①접는다.

앞
(안면)

1,5

1

---

4 스커트를 만든다.

(p.90 만드는 법 5번을 참고하되 밑단은 박음질하지 않는다)

5 프릴을 만들어서 단다.

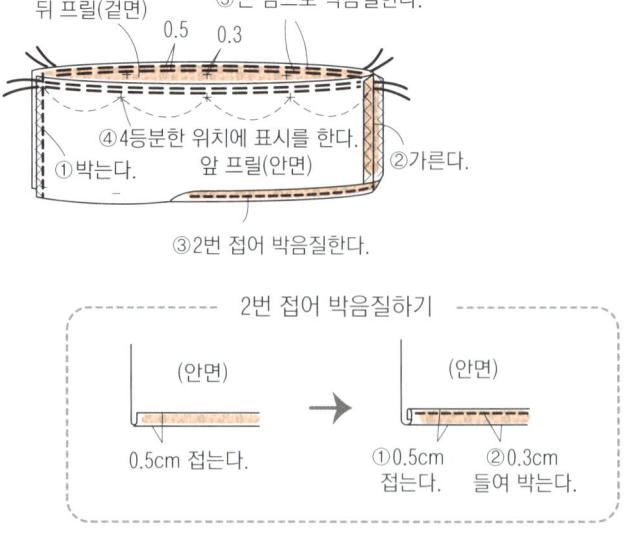

뒤 프릴(겉면)

⑤큰 땀으로 박음질한다.

0.5   0.3

④4등분한 위치에 표시를 한다.

①박는다.

앞 프릴(안면)

②가른다.

③2번 접어 박음질한다.

2번 접어 박음질하기

(안면)

0.5cm 접는다.

(안면)

①0.5cm
접는다.

②0.3cm
들여 박는다.

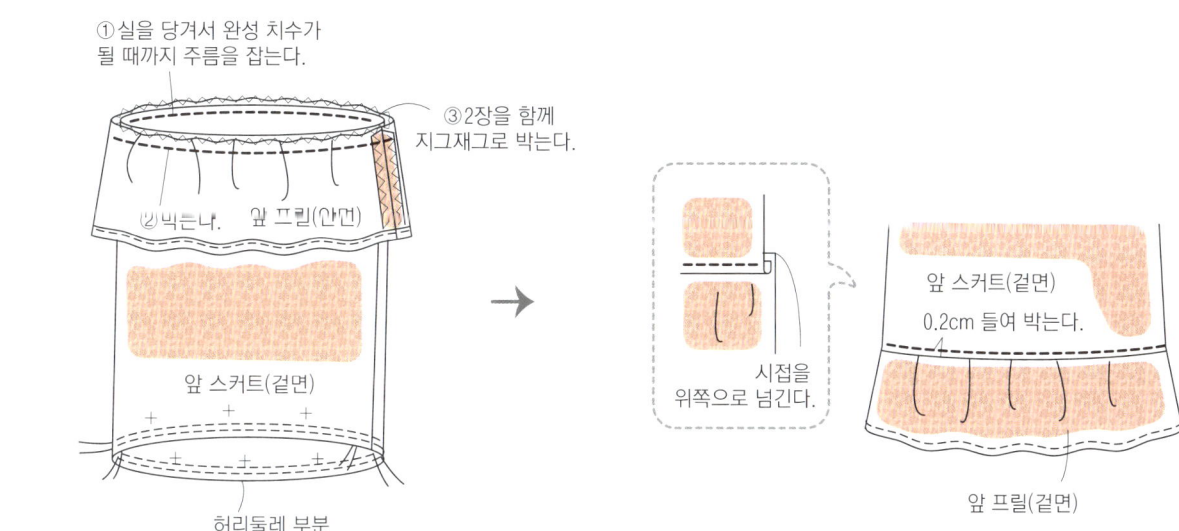

①실을 당겨서 완성 치수가
될 때까지 주름을 잡는다.

③2장을 함께
지그재그로 박는다.

②박는다. 앞 프릴(안면)

앞 스커트(겉면)

허리둘레 부분

시접을
위쪽으로 넘긴다.

앞 스커트(겉면)

0.2cm 들여 박는다.

앞 프릴(겉면)

6 허리둘레를 박는다.(p90 만드는 법 6번 참고)

7 끈을 만든다.

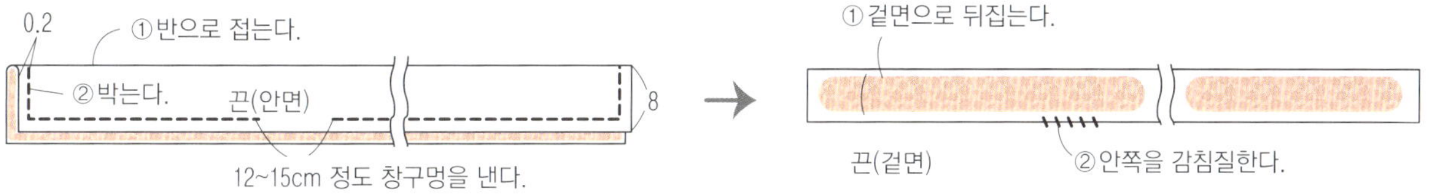

0.2
①반으로 접는다.
②박는다. 끈(안면)
12~15cm 정도 창구멍을 낸다.
8

①겉면으로 뒤집는다.

끈(겉면)
②안쪽을 감침질한다.

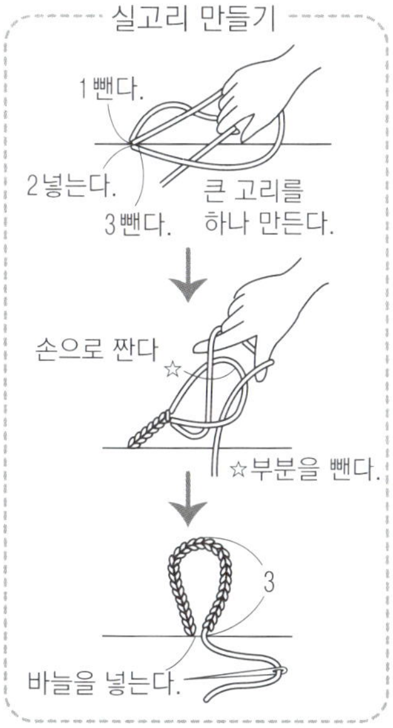

실고리 만들기

1 뺀다.
2 넣는다.
3 뺀다.
큰 고리를
하나 만든다.

손으로 짠다 ☆

☆부분을 뺀다.

3

바늘을 넣는다.

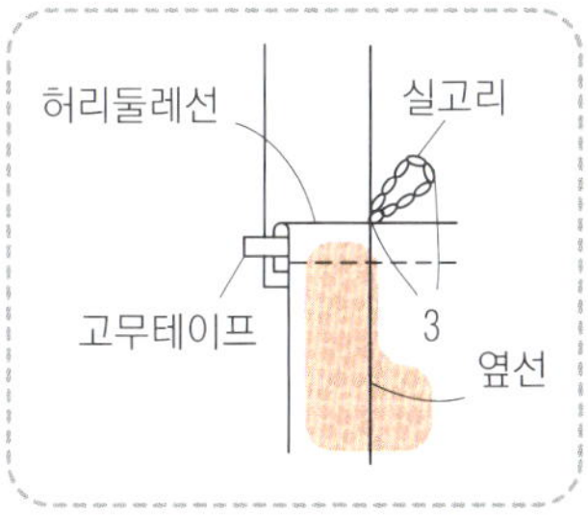

허리둘레선   실고리

고무테이프   3   옆선

완성

양쪽 옆선과
뒤중심에
실고리를 단다.

109

• 요리

치료 효과 높이고 재발 막는 항암요리
암을 이기는 최고의 식사법
암 환자들의 치료 효과를 높이고 재발을 막는 데 도움이
되는 음식을 소개한다. 항암치료 시 나타나는 증상별 치
료식과 치료를 마치고 건강을 관리하는 일상 관리식으
로 나눠 담았다. 항암 식생활, 항암 식단에 대한 궁금증
등 암에 관한 정보도 꼼꼼하게 알려준다.
마켓온오프 지음 | 280쪽 | 188×245mm | 18,000원

그대로 따라 하면 엄마가 해주시던 바로 그 맛
한복선의 엄마의 밥상
일상 반찬, 찌개와 국, 별미 요리, 한 그릇 요리, 김치 등
웬만한 요리 레시피는 다 들어있어 기본 요리 실력 다지
기부터 매일 밥상 차리기까지 이 책 한 권이면 충분하다.
누구든지 그대로 따라 하기만 하면 엄마가 해주시던 바
로 그 맛을 낼 수 있다.
한복선 지음 | 312쪽 | 188×245mm | 16,800원

영양학 전문가의 맞춤 당뇨식
최고의 당뇨 밥상
매일 맛있게 먹을 수 있는 당뇨 레시피 120가지를 소개
한다. 모든 메뉴는 당질은 줄이고 식이섬유는 늘린 맞춤
레시피로 먹기만 해도 혈당이 내려간다. 당뇨 관리법과
당뇨에 대한 오해 등 당뇨 환자와 그 가족들이 궁금해하
는 당뇨 정보도 꼼꼼하게 담았다.
마켓온오프 지음 | 256쪽 | 188×245mm | 16,000원

후다닥 쌤의
후다닥 간편 요리
구독자 수 37만 명의 유튜브 '후다닥요리'의 인기 집밥
103가지를 소개한다. 국·찌개, 반찬, 김치, 한 그릇 밥·국
수, 별식과 간식까지 메뉴가 다양하다. 저자가 애용하는
양념, 조리도구, 조리 비법을 알려주고, 모든 메뉴에 QR
코드를 수록해 동영상도 볼 수 있다.
김연정 지음 | 248쪽 | 188×245mm | 16,000원

먹을수록 건강해진다!
나물로 차리는 건강밥상
생나물, 무침나물, 볶음나물 등 나물 레시피 107가지를
소개한다. 기본 나물부터 토속 나물까지 다양한 나물반
찬과 비빔밥, 김밥, 파스타 등 나물로 만드는 별미요리를
담았다. 메뉴마다 영양과 효능을 소개하고, 월별 제철 나
물, 나물요리의 기본요령도 알려준다.
리스컴 편집부 | 160쪽 | 188×245mm | 12,000원

기초부터 응용까지 이 책 한권이면 끝!
한복선의 친절한 요리책
요리 초보자를 위해 최고의 요리 전문가 한복선 선생님
이 나섰다. 칼 잡는 법부터 재료 손질, 기본양념, 맛내기
까지 요리의 기본기와 조리 비법을 엄마처럼 꼼꼼하고
친절하게 알려준다. 국, 찌개, 반찬, 한 그릇 요리, 김치
등 대표 가정요리 221가지 레시피가 들어있다.
한복선 지음 | 308쪽 | 188×254mm | 15,000원

내 몸이 가벼워지는 시간
샐러드에 반하다
한 끼 샐러드, 도시락 샐러드, 저칼로리 샐러드, 곁들이
샐러드 등 쉽고 맛있는 샐러드 레시피 64가지를 소개한
다. 각 샐러드의 전체 칼로리와 드레싱 칼로리를 함께 알
려줘 다이어트에도 도움이 된다. 다양한 맛의 45가지
드레싱 등 알찬 정보도 담았다.
장연정 지음 | 184쪽 | 210×256mm | 14,000원

맛있는 밥을 간편하게 즐기고 싶다면
뚝딱 한 그릇, 밥
덮밥, 볶음밥, 비빔밥, 솥밥 등 별다른 반찬 없이도 맛있
게 먹을 수 있는 한 그릇 밥 76가지를 소개한다. 한식부
터 외국 음식까지 메뉴가 풍성해 혼밥으로 별식으로, 도
시락으로 다양하게 즐길 수 있다. 레시피가 쉽고, 밥 짓기
등 기본 조리법과 알찬 정보도 가득하다.
장연정 지음 | 216쪽 | 188×245mm | 14,000원

점심 한 끼만 잘 지켜도 살이 빠진다
하루 한 끼 다이어트 도시락
맛있게 먹으면서 건강하게 살을 빼는 다이어트 도시락.
영양은 가득하고 칼로리는 200~300kcal대로 맞춘 저
칼로리 도시락으로, 샐러드, 샌드위치, 별식, 기본 도시
락 등 다양한 메뉴를 담았다. 다이어트 도시락을 쉽고
맛있게 싸는 알찬 정보도 가득하다.
최승주 지음 | 176쪽 | 188×245mm | 15,000원

입맛 없을 때, 간단하고 맛있는 한 끼
뚝딱 한 그릇, 국수
비빔국수, 국물국수, 볶음국수 등 입맛 살리는 국수 63
가지를 담았다. 김치비빔국수, 칼국수 등 누구나 좋아
하는 우리 국수부터 파스타, 미고렝 등 색다른 외국 국
수까지 메뉴가 다양하다. 국수 삶기, 국물 내기 등 기본
조리법과 함께 먹으면 맛있는 밑반찬도 알려준다.
장연정 지음 | 200쪽 | 188×245mm | 14,000원

• 자녀교육 | 임신출산

성인 자녀와 부모의 단절 원인과 갈등 회복 방법

자녀는 왜 부모를 거부하는가

최근 부모 자식 간 관계 단절 현상이 늘고 있다. 심리학자인 저자가 자신의 경험과 상담 사례를 바탕으로 그 원인을 찾고 해답을 제시한다. 성인이 되어 부모와 인연을 끊는 자녀들의 심리와, 그로 인해 고통받는 부모에 대한 위로, 부모와 자녀 간의 화해 방법이 담겨있다.

조슈아 콜먼 지음 | 328쪽 | 152×223mm | 16,000원

아이는 엄마의 감정을 먹고 자란다

내 아이를 위한 엄마의 감정 공부

엄마의 감정 육아는 아이의 정서에 나쁜 영향을 미친다. 엄마들을 위한 8일간의 감정 공부 프로그램을 그대로 책에 담았다. 감정을 정리하고 자녀와 좀 더 가까워지는 방법을 안내한다. 사례가 풍부하고 워크지도 있어 책을 읽으면서 바로 활용할 수 있다.

양선아 지음 | 272쪽 | 152×223mm | 15,000원

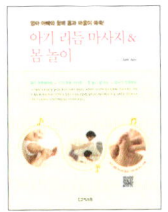

엄마 아빠와 함께 몸과 마음이 쑥쑥!

아기 리듬 마사지 & 몸 놀이

아기 전문가가 태어 때부터 두 돌 이후까지 성장 단계별로 동요와 함께 하는 아기 리듬 마사지와 몸 놀이를 알려준다. 잔병을 예방하고 아픈 증상을 완화하는 성장혈 마사지도 소개한다. 마사지하면서 바로 들을 수 있는 동요 QR 코드도 수록했다.

권정혁·최은미 지음 | 152쪽 | 180×227mm | 13,000원

산부인과 의사가 들려주는 임신 출산 육아의 모든 것

똑똑하고 건강한 첫 임신 출산 육아

임신 전 계획부터 산후조리까지 현대를 살아가는 임신부를 위한 똑똑한 임신 출산 육아 교과서. 20년 산부인과 전문의가 인터넷 상담, 방송 출연 등을 통해 알게 된, 임신부들이 가장 궁금해하는 것과 꼭 알아야 것들을 알려준다.

김건오 지음 | 352쪽 | 190×250mm | 17,000원

아기는 건강하게, 엄마는 날씬하게

소피아의 임산부 요가

임산부의 건강과 몸매 유지를 위해 슈퍼모델이자 요가 트레이너인 박서희가 제안하는 맞춤 요가 프로그램. 임신 개월 수에 맞춰 필요한 동작을 사진과 함께 자세히 소개하고, 통증을 완화하는 요가, 남편과 함께 하는 커플 요가, 회복을 돕는 산후 요가 등도 담았다.

박서희 지음 | 176쪽 | 170×220mm | 12,000원

• 건강 | 인테리어

아침 5분, 저녁 10분

스트레칭이면 충분하다

몸은 튼튼하게 몸매는 탄력있게 가꿀 수 있는 스트레칭 동작을 담은 책. 아침 5분, 저녁 10분이라도 꾸준히 스트레칭하면 하루하루가 몰라보게 달라질 것이다. 아침 저녁 동작은 5분을 기본으로 구성, 좀 더 체계적인 스트레칭 동작을 위해 10분, 20분 과정도 소개했다.

박서희 지음 | 152쪽 | 188×245mm | 13,000원

라인 살리고, 근력과 유연성 기르는 최고의 전신 운동

필라테스 홈트

필라테스는 자세 교정과 다이어트 효과가 매우 큰 신체 단련 운동이다. 이 책은 전문 스튜디오에 나가지 않고도 집에서 얼마든지 필라테스를 쉽게 배울 수 있는 방법을 알려준다. 난이도에 따라 15분, 30분, 50분 프로그램으로 구성해 누구나 부담 없이 시작할 수 있다.

박서희 지음 | 128쪽 | 215×290mm | 10,000원

통증 다스리고 체형 바로잡는

간단 속근육 운동

통증의 원인은 속근육에 있다. 한의사이자 헬스 트레이너가 통증을 근본부터 해결하는 속근육 운동법을 알려준다. 마사지로 풀고, 스트레칭으로 늘이고, 운동으로 힘을 키우는 3단계 운동법으로, 통증 완화는 물론 나이 들어서도 아프지 않고 지낼 수 있는 건강관리법이다.

이용현 지음 | 156쪽 | 182×235mm | 12,000원

하루 20분, 평생 살찌지 않는 완벽 홈트

오늘부터 1일

평생 살찌지 않는 체질을 만들어주는 여성용 셀프PT 가이드북. 스타트레이너 김지훈이 군살은 쏙 빠지고 보디라인은 탄력 있게 가꿔주는 하루 20분 운동을 소개한다. 하루 20분 운동으로 굶지 않고 누구나 부러워하는 늘씬한 몸매를 만들어보자.

김지훈 지음 | 280쪽 | 188×245mm | 16,000원

내 집은 내가 고친다

집수리 닥터 강쌤의 셀프 집수리

집 안 곳곳에서 생기는 문제들을 출장 수리 없이 내 손으로 고칠 수 있게 도와주는 책. 집수리 전문가이자 인기 유튜버인 저자가 25년 경력을 통해 얻은 노하우를 알려준다. 전 과정을 사진과 함께 자세히 설명하고, QR 코드를 수록해 동영상도 볼 수 있다.

강태운 지음 | 272쪽 | 190×260mm | 22,000원

유익한 정보와 다양한 이벤트가 있는 리스컴 SNS 채널로 놀러오세요!

블로그
blog.naver.com/leescomm

인스타그램
instagram.com/leescom

유튜브
www.youtube.com/c/leescom

만 들 기 쉽 고 예 쁜

심플 **원피스**

지은이 | 부티크
옮긴이 | 호리에 마사코

편집 | 김연주 이희진
디자인 | 이미정
마케팅 | 김종선 이진목
경영관리 | 서민주

출력·인쇄 | HEP

펴낸이 | 이진희
펴낸곳 | (주)리스컴

초판 1쇄 | 2022년 4월 15일
초판 2쇄 | 2022년 6월 2일

주소 | 서울시 강남구 밤고개로 1길 10, 수서현대벤처빌 1427호
전화번호 | 대표번호 02-540-5192
          영업부 02-540-5193
          편집부 02-544-5922, 544-5933
FAX | 02-540-5194
등록번호 | 제2-3348

Lady Boutique Series no. 3519 TSUKUTTE KITAI ONE-PIECE
Copyright © 2013 BOUTIQUE-SHA, Inc.
All rights reserved.
Original Japanese edition published in 2013 by BOUTIQUE-SHA, Inc., Tokyo.
Korean translation rights arranged with BOUTIQUE-SHA, Inc.
And LEESCOM through JM Contents Agency Co.
Korean translation edition © 2022 by LEESCOM

이 책의 한국어판 저작권은 JMCA를 통한 저작권자와의 독점 계약으로 리스컴에 있습니다.
신저작권법에 의해 한국어판의 저작권 보호를 받는 서적이므로 무단 전재와 복제를 금합니다.
잘못된 책은 바꾸어 드립니다.

이 책은 〈내추럴 스타일 원피스〉의 개정판입니다.

ISBN 979-11-5616-260-5 13590
책값은 뒤표지에 있습니다.